Gustav Adolph von Kloeden

Afrikanische Inseln

Gustav Adolph von Kloeden

Afrikanische Inseln

ISBN/EAN: 9783742899071

Hergestellt in Europa, USA, Kanada, Australien, Japan

Cover: Foto ©ninafisch / pixelio.de

Manufactured and distributed by brebook publishing software (www.brebook.com)

Gustav Adolph von Kloeden

Afrikanische Inseln

Jahresbericht

über die

Friedrichs-Werdersche Gewerbeschule

in Berlin,

womit zu der

Dienstag 4. April 1871

stattfindenden

öffentlichen Prüfung

die höchsten und hohen Behörden, die Eltern der Schüler

sowie

alle Gönner und Freunde des Schulwesens

ehrerbietigst einladet

der Director Gallenkamp.

Inhalt.

1. Afrikanische Inseln. Von Professor Dr. G. A. v. Kloeden.
2. Schulnachrichten.

Berlin, 1871.
Druck von J. Dräger's Buchdruckerei (C. Feicht) in Berlin.

Afrikanische Inseln.

Erste Abtheilung.
Die Guinea-Inseln. — Die Comoren.

Die Inseln und Inselgruppen, welche man zu Afrika rechnet, sind in der Geschichte der Entdeckungen von besonderer Wichtigkeit gewesen, indem sie unternehmenden Seefahrern, namentlich den portugiesischen, wenn auch nicht einem und demselben, stufenweise zu immer weiterem Vordringen neuen Muth verliehen. Nachdem Madagascar schon im 13. Jahrhundert dem Marco Polo bekannt gewesen war und die Alten bereits von den Canarischen Inseln Kenntniss gehabt hatten, die Araber auch die Canaren schon im 12. Jahrhundert gesehen hatten, wurden dieselben 1341 von den Portugiesen entdeckt. Madeira, das bereits auf Karten vom Jahre 1331 verzeichnet ist, wurde auf einer Expedition des Infanten Heinrich 1419 durch Juan Gonsolvo Zargo aufgefunden. Die Azoren entdeckte 1431 Cabral, die Guinea-Inseln 1471 Fernando Póo, die Capverdeschen Inseln 1460 der Venetianer Ca da Mosto, Ascension 1501 der Spanier Juan da Nova am Himmelfahrtstage, Tristan da Cunha 1571 der Seefahrer gleiches Namens, St. Helena 1502 Juan da Nova, die Comoren in demselben Jahre die Portugiesen, Madagascar 1506, die Mascarenhas 1545 der spanische Seefahrer desselben Namens u. s. w. — Einige von den Inseln, und namentlich Madeira und Tenerifa, gehören auch noch heut zu Tage zu denjenigen, welche von Schiffen, die Europa nach Westen hin verlassen, am allerhäufigsten berührt werden.

Ausser diesem historischen und praktischen Interesse erregen sie ein anderes, indem sie in auffallender Weise individualisirt erscheinen, und, etwa die Guinea-Inseln ausgenommen, von dem ihnen zunächst gelegenen Erdtheile Afrika in wesentlichen Beziehungen abweichen. Daher das grosse und lebhafte Interesse, welches ihnen von der Naturforschung zugewendet worden ist, und das sie noch heute erregen; die Literatur, namentlich die über die Canaren und Madagascar, ist eine so ungemein reiche und jährlich wachsende, dass dieselbe einen Massstab dafür in unzweideutiger Weise abgeben kann. Die individuellen Eigenthümlichkeiten sind bekanntlich so gross, dass z. B. Forbes die Ansicht geltend gemacht hat, die Azoren und Canaren seien die Reste eines einstens untergegangenen atlantischen Continentes. Lyell findet in den auf den atlantischen Inseln auftretenden amerikanischen Formen der organischen Wesen unzweifelhafte Reste einer Flora, welche von einem ehemaligen nahe gelegenen Miocän-Continente herstammen, das sich ehedem an den Osten Nord-Amerika's anschloss.[1]) Andere Forscher neigen sich zu der Ansicht, Madagascar, das nach Lyell's Meinung in der Myocän-Periode mit Afrika zusammengehangen haben mag, sei der Rest eines grossen untergegangenen Continentes (von Sclater Lemuria genannt), welches sich einst im indischen Oceano ausbreitete.

---

[1]) Ch. Lyell Principles of Geology. 10. edition, 1868, vol. II, pag. 422.

Zu so bedeutender Ausdehnung und so hohem Werthe nun aber auch das wissenschaftliche Material für die Kenntniss einiger dieser Gruppen gelangt ist (ich erinnere nur an L. v. Buch's classische Beschreibung der Canarischen Inseln, 1825, und Webb et Berthelot, »Histoire naturelle des Iles Canaries«, 3 vol., 1850), so ist es doch eigenthümlich, dass man über andere vergeblich nach ausreichenden Mittheilungen sucht; und namentlich sind es die Guinea-Inseln und die Comoren, welche seither stiefmütterlich in der Literatur bedacht worden sind. Die Quellen über beide Inselgruppen fliessen spärlich und selten. Ich habe es daher für erwünscht gehalten, den zum ersten Male ausführlicher gegebenen Notizen von »Navarro über die Guinea-Inseln« und von »Gevrey über die Comoren« in dem Folgenden eine weiter verbreitete Kenntnissnahme zu ermöglichen.

I. Die Guinea-Inseln.

Literatur. — J. J. Navarro, Apuntes sobre el estado de la costa occidental de Africa y principalmente de las posesiones españolas en el Golfo de Guinea. Publicados de Real orden. Madrid 1859. — M. Benedetti (Consul), Les isles espagnoles du Golfe de Guinée Fernando Poo, Corisco, Annobon. Communication du ministère des affaires étrangères, im Bulletin de la Société de Géographie. 5ème Série, T. XVII, 1869, p. 66 (ist der Inhalt von Navarro's Mittheilungen mit geringen Zusätzen). — D. Jeronimo M. Usera y Alarcon, Memoria de la isla de Fernando Poo. Madrid 1848. — D. de Moros y Morellon y J. M. de los Rios, Memorias sobre las islas africanas de España Fernando Póo y Annobon. Madrid 1844. — J. L. Wilson, Western Africa: its history, condition and prospects. London 1856.

Die Insel Fernando Póo liegt zwischen $3^0 12',5$ und $3^0 48',^1$ n. Br. und zwischen $26^0 30'$ und $27^0 3'$ ö. Lg. von Ferro. Von der nördlichsten Spitze, der Punta de los Frailes, bis zur Punta Santiago an der Südküste sind 35 span. Meilen (millas, $= 8,75$ g. M.); und von der NO-Ecke, Punta Hermosa, (14 M. $= 3,5$ g. M. von ersterer), bis nach Bimbia, an der afrikanischen Küste, 20 M. $= 5$ g. M.[1]) Die hohen Küsten erscheinen im Schmucke der tropischen Wälder majestätisch; Pracht und Ueppigkeit der Vegetation sind unbeschreiblich. Einige reizende Ebenen sind reichlich von Flüssen bewässert, welche in verschiedenen Baien in's Meer münden. Der wichtigste ist der sich in die Sa. Isabel-Bai ergiessende Rio Consul. Ueber Alles erhebt sich der 11.878 p. F.[2]) hohe majestätische Santa Isabel-Pik (1860 vom englischen Botaniker Mann erstiegen, der an der Spitze einen 40 F. tiefen Krater fand), und im NO stehen auf dem Festlande die gewaltigen Camarones-Berge, mit ewigem Schnee bedeckt; etwas östlicher liegen die Rumby-Kette und die Tieflandschaften an der Mündung des Bimbia. Diese Berge geben die Grundstriche zu dem wunderschönen Panorama der Sa. Isabel-Bai. Der schwärzliche Sand des Strandes und die Schlacken etc., welche offenbar die Einwirkung des Feuers erfahren haben, deuten auf den vulkanischen Ursprung des Bodens. Der Pik wurde zuerst 1843 von dem spanischen Gouverneur Beecroft erstiegen und derselbe fand dort einen Krater, der ein hohes Alter verrieth und aus vulkanischer Asche bestand; ein weiter kreisförmiger Raum war von jeder Vegetation entblösst. — Geräumiger und sicherer ist die im NW gelegene San Carlos-Bai; die de la Concepcion, im Osten, bietet weniger Schutz, namentlich zur Zeit der Tornados, der im

---

[1]) Moros gibt ihr 24 Millas Umfang, 10 M. Länge, 6 M. Breite, 46 M. Flächeninhalt.

[2]) Navarro gibt 10.190 Piè's an, das sind 11.878 p. F. — In Petermann's Mitth. 1862, p. 151 finden sich 10.700 F. angegeben.

April, Mai, Oktober und November einsetzenden SO-Winde. In dieser Bai landeten die ersten spanischen Ankömmlinge. — Das Erdreich ist äusserst fruchtbar und die Walden sind höchst ergibig, wie sich bei der tropischen Wärme und den reichlichen Regenfällen wohl erwarten lässt. Die gewöhnlichsten Bäume sind Ceder, Ebenholz, Mahagoni und Palme; das Bauholz zu den Häusern der Bewohner liefern die Wälder. Die Baumwolle wächst wild; für Kaffe und Zuckerrohr würde sich der Boden unfehlbar eignen. Offenbar ist der Reichthum an Vegetabilien gross, obwohl nur die nächste Umgebung der Colonie Santa Isabel erforscht und das Innere völlig unbekannt ist. Von Wichtigkeit sind die Obstbäume. Es gibt in Menge Orangen, an Güte den europäischen aber sehr nachstehend, sehr gute Limonen, Guayaven, Mangos, Tamarinden, verschiedene Arten von Bananen, aber alle wohl durch die der Antillen übertroffen. Das werthvollste Produkt, die Hauptnahrungspflanze der Neger, ist die Yams-Wurzel, die hier so vorzüglicher Art ist, dass sie unstreitig von der keines anderen Landes übertroffen wird; gut zubereitet, ist sie der Batata weit vorzuziehen. Die Palme bildet den Reichthum des eingeborenen Negers. Von ihr gewinnt er das Palmöl, das er zum Hausgebrauche in dem Zustande verwendet, in welchem es in Gefässen aus dem Inneren des Landes herzugeführt wird, obwohl es später in anderen Ländern behufs der Verwendung zu industriellen Zwecken gereinigt wird. Ferner gewinnt er den Palmwein, den gegohrenen Saft des Fruchtkolbens, der, scharf und pikant schmeckend, dem Europäer meist nicht behagt, wenigstens nicht im frischen Zustande. Endlich deckt er seine Hütten mit ihren Blättern, die auch zu vielen anderen Zwecken verwendet werden, wie zu Hüten, zu Sonnenschirmen etc.

Im Thierreiche herrschen die Hühnervögel; die Menge des Rothwildes, der Affen, der Stachelschweine, Eichhörnchen, der grünen Papageien und Fasanen ist nicht gross; ebensowenig die Zahl der Viehheerden, obwohl es an guten Waiden nicht fehlt. Giftige Schlangen gibt es; Raubthiere aber scheinen zu fehlen. Die weissen Ameisen sind die schlimmste Landplage; auch ist die Zahl der Scorpione und Tausendfüsse gross. An den Küsten finden sich vorzügliche Fische und ausgezeichnete Schildkröten; der Spermwal ist in jenen Gewässern sehr häufig. — Das Schlachtvieh bezieht man für hohe Preise von Bimbia, Calabar und Camarones.

Obwohl Bayle in seiner Schrift »Enfermedadas de la costa oriental de Africa« das Klima der Insel als höchst ungesund dargestellt hat, behauptet doch Dr. Daniell nach längerem Aufenthalte auf derselben in seiner »Topografia medica«, dass die Insel in allen ihren Theilen vollkommen gesund sei und dass die an manchen Stellen der flachen Küsten und auch in der Colonie Sa. Isabel auftretenden Krankheiten durchaus lokale Erscheinungen seien. Er gibt folgende Temperatur-Tabelle in Celsius-Graden:

	6 U. Fr.	2 U. M.	6 U. A.	Mittel	
Jan.	22,77	29,14	26,89	26,13	klar; schöne Brisen.
Febr.	22,78	30,16	29,11	27,88	schön Wetter, aber schwül; regelmässiger Seewind.
März	22,44	30,88	27,22	27,99	schön Wetter, zuweilen schwül; frische Seebrisen.
April	21,67	28,89	26,67	25,89	sehr frisch; Anfang der Regen, bis zu Ende des Monats.
Mai	21,11	26,89	23,33	23,33	Regen und Seewind, sehr frisch; Tornados.
Juni	20,78	26,89	21,23	21,35	starker Regen, Windstösse, Tornados.
Juli	21,00	26,67	24,44	24,02	ebenso, zuweilen Tornados.
Aug.	21,11	26,89	24,41	24,11	ebenso, vorübergehender Regen und Wind; schöne Brisen.
Sept.	19,44	26,11	25,56	23,84	der Regen lässt nach; häufige Windstillen.
Okt.	21,67	26,67	24,44	24,70	Anfang des schönen Wetters; Landwinde; zuweilen Regen u. Wind.
Nov.	22,78	28,89	24,44	25,12	dauernde trockene Zeit; schön Wetter.
Dez.	23,00	28,89	24,44	25,86	klar; schöne Brisen; drückende Hitze.

In der Regenzeit steht das Barometer meist zwischen 29„ und 30, in der trockenen Zeit höchstens auf 30,₁. Die Tornados gehören gewöhnlich dem 1. und 2. Quadranten an. Der Regen fällt in Strömen und die Wohnungen können nur durch beständiges Heizen gesund erhalten werden; klärt sich der Himmel auf und folgen einige Tage ohne Regen, so verdunstet das Wasser, es setzen Brisen ein und es folgt eine köstliche Temperatur. In der trockenen Jahreszeit ist die Wärme erstickend, namentlich am Tage, wo sie durch keine Brise gemildert, oft noch durch die Harmatans gesteigert wird; der Nebel feinen und durchdringenden Staubes und die Calina (Heerrauch), welchen die Hitze mit sich bringt, wirken traurig auf jeden Organismus. Im Ganzen ist das Klima angenehm, weit vorzüglicher, als an den Mündungen der afrikanischen Flüsse, und unvergleichlich besser, als das von Cuba.

Die gewöhnlichsten endemischen Krankheiten sind intermittirende Fieber und Diarrhöen; die schweren tropischen Krankheiten, wie Elephantiasis, Guineawurm, Wasserbruch etc., treten nur bei wenigen Procenten der Negerbevölkerung auf.

Die Bewohner der Insel sind die Bubis. Nach dem Consul Hutchinson schmücken sich die Frauen derselben hauptsächlich mit Schnüren grosser Glasperlen und verzieren das Gesicht mit grossen Einschnitten; die bedeutende Menge Tolabalsam, welche sie einreiben, gibt ihnen einen widerlichen Geruch. Die einzige Waffe der Männer ist eine Lanze mit zahlreichen Zähnen, die tödtliche Wunden veranlasst; der obere eiserne Theil ist 6 bis 8 Zoll breit, seine Gestalt ist viereckig, und der Stiel ist 6 bis 8 Fuss lang. Die Kriege, in welchen sie dieselben anwenden, sind selten; jedes Alter und Geschlecht aber nimmt an denselben Theil. — Nach dem Baptisten-Missionar Clarke findet man auf der Insel fünf Sprachen und eine grosse Zahl von Dialekten. — Als gangbare Münze dienen Achatmuscheln, welche man auch durchlöchert und auf einen Faden reiht; zwölf Schnüre derselben, jede einen Finger breit, sind 6 Pence werth, und 100 kann man für einen Peso erhalten; die Münze von ¹/₂ Pence ist die einzige gangbare auf den Märkten; sie heisst Ishibbu. Man trägt die Schnüre rings um den Körper. Die grösste Sorte heisst Ktshoko. Man macht diese Münze an einer Stelle im äussersten Süden der Insel, an der Concepcion-Bai, welche Ballilipa heisst. In der Nähe derselben, an einem Banakatoo genannten Orte, sollen die Könige eine Niederlage von Steinäxten angelegt haben, deren man sich ehedem bediente, ehe man die jetzt gangbaren Beile und Messer von Birmingham kannte, welche man gegen Yams und Palmöl eintauscht. Seitdem man das Palmöl bereitet, das man in eigenthümlich gestalteten Gefässen verkauft und Bectapas nennt, kommen eine Menge englischer Waaren in's Land. Aber mit Ausnahme von jährlich 300 Tons Palmöl ist diese Insel, welche 6000 Tons liefern und Millionen von Yams' bauen könnte, und die bis zum Gipfel ihrer Berge produktiv ist, unproduktiv wie die Wüste Sahara; denn die Bubis sind vielleicht die faulste und langsamste Rasse der Welt; weder Versprechungen noch Geld können sie bewegen, das Land zu roden und zu bebauen; und wüchsen Yams und Bananen wild, so wären sie zu träge, dieselben zu ernten und zu kochen. Sie sind alle grosse Liebhaber des Spirituosen und des Tabaks, den beide Geschlechter gebrauchen, aber mehr zum Kauen als zum Rauchen.

Während der ersten Monate meines hiesigen Aufenthaltes, erzählt Hutchinson, hatten 3 oder 400 Fernandianos von der Bevölkerung von Banapá eine militärische Revue auf dem meiner Wohnung nahe gelegenen Platze. Sie waren alle mit den schon beschriebenen Lanzen bewaffnet; viele trugen ungeheuere Schilder aus Kuhhaut. Ihre gewaltigen Strohhüte, grösstentheils mit scharlachrothen Federn geschmückt; ihre in röthlichen Thonkugeln endenden Haare; die Tshokomuscheln, welche um ihre Lenden gewunden waren; ihre Bahaba genannten Halsbänder aus Blase, gefüllt mit Rinder-, Schlangen- oder Ziegenfett, je nach dem Reichthume des Besitzers; die um den Gürtel geschlungenen Affenschwänze und die verschiedenen Farben, mit denen sie ihre Gesichter bemalen, roth, weiss, blau oder gelb, gaben das groteskeste Gesammtbild, das sich denken lässt. Bei ihrem pelotonweisen Defiliren und ihrem Marsche, um einen fingirten Feind anzugreifen, hatten sie in der That etwas Graziöses, und es wäre unmöglich, eine Vorstellung von dem eigenthümlichen Schwirren zu geben, welches die Vereinigung aller ihrer Stimmen hervorbrachte. Ihr Kriegsgesang klang feierlich, tief und entbehrte keineswegs der Harmonie. Eine Menge von Weibern und Kindern begleitete sie und hielt sich während der Evolutionen an der Seite des Platzes.

Ich hatte schon längst beabsichtigt, einen Ausflug nach einem fernandianischen Dorfe zu machen und brach daher eines Morgens um 6 Uhr von Clarence auf, begleitet von meinem Dolmetscher und zweien meiner Diener, Kru-Negern, um nach Issappoo zu gehen. Der Weg führte durch eine an Palmen so reiche Gegend, dass der Erdboden buchstäblich bedeckt war mit den Fruchtkernen derselben, während das äussere Fleisch entweder verfault oder von den Affen verzehrt war. Nach einer Meile Weges trafen wir drei Bäche, und trotz der Fruchtbarkeit des Bodens fand ich denselben gänzlich ohne nutzbare Vegetation, ausgenommen die Palmen. Das übrige Gehölz bestand auf der ganzen Reise hauptsächlich aus Cedern mit ihren Schmarotzern, auf denen zahlreiche kleine Vögel, Schmetterlinge und Ameisen hausten. Als wir uns dem Dorfe näherten, trafen wir eine Palmölfabrik, in welcher die Frauen beschäftigt waren, in primitiver Weise die Flüssigkeit zu extrahiren, wie man es auch im grössten Theile der Guineaküste thut. Die Nuss wird von den Blumenblättern befreit und dann mit Palmblättern bedeckt, bis die Gährung anfängt. Dann mahlt man sie in einem Loche im Boden, dessen Grund ein Stein bildet, und zwar mit Hülfe eines grossen Steines oder mit einem Stücke Holz; dabei lösen sich die Kerne des Inneren und werden herausgenommen. Das zerquetschte Fleisch stellt man in einem Topfe an's Feuer zum Kochen, bis der Saft ausläuft, wobei man aber nur die Hände anwendet. Indess geht bei dieser unvollkommenen Manipulation viel Saft verloren, der in der Aussenrinde der Nuss sitzt und der des Kernes.

Bei meinem Eintritte in Issappoo durch zwei Arten von Bogen-Thoren, die von einander durch ein Bambusscheit getrennt waren, lenkte der Dolmetscher meine Aufmerksamkeit auf eine Zahl von Schlangenkopf-Muscheln, welche in der Schwelle steckten, und deren jede ein Loch hatte, in welchem sich einer der kleinsten Sprösslinge befand, welche die Palme treibt. Er erklärte mir, dass dadurch der böse Geist vertrieben werde, sobald er in der Nähe vorbeigehe. Auf der Innenseite dieses Thores liegt ein kleiner viereckiger Platz, genannt la Reossa, an dessen Umfange die Hütten stehen.

Die Reossa ist ein freier Platz oder eine Art von Markt, wo die legislativen Versammlungen gehalten werden und man Besprechungen (palavers) vornimmt, wie das Egbo-Haus in Rio Calabar Viejo. Er ist offen, der Sonne, dem Regen und den Tornados ausgesetzt; oft dient er auch als Marktplatz oder als Spielplatz für die Kinder. Nahe seiner Mitte befindet sich ein Gebüsch mit einer Menge von Steinblöcken, welche wahrscheinlich den Senatoren als Sitze dienen; an einem der höchsten Baumäste hängt die Haut einer Schlangen-Art, Bukaroko genannt, mit dem Kopfe nach oben gerichtet; der Schwanz reicht bis zu einer Elle vom Boden, und das Aufstellen dieser Haut ist eine jährlich vorzunehmende Feierlichkeit. Sobald die Vornahme der Ceremonie vorbereitet ist, bringt man alle im abgelaufenen Jahre geborenen Kinder auf den Platz und lässt dieselben den Schwanz der Haut berühren. Diese Schlange, welche die Portugiesen Jack Maranta nennen, gilt den Bewohnern als ihr Schutzgeist und als Richter über Gut und Böse, der ihnen Reichthümer schaffen und sie mit Krankheiten plagen, auch den Tod verursachen kann, und deshalb sucht man ihn sich günstig zu erhalten.

Bawándi ist der Name des gegenwärtigen Häuptlings von Issappoo; seine Würde ist, wie in allen fernandianischen Orten, erblich nicht vom Vater auf den Sohn, sondern vom Onkel auf den Neffen. Sein Palast ist in der That merkwürdig. Beim Eintritte gewahrt man zuerst seinen Thron und seine Krone; ersterer ist ein unsauberer Sessel, dessen Schmutz und Alter beweisen, dass er bereits durch viele Generationen der Familie angehört, und letztere ist ein alter, schmieriger Strohhut, aus Palmblättern geflochten und mit einem Affenschwanze verziert. Durch zahllose Risse in den Wänden dringt das Licht hinein, ebenso durch das Dach; die Wände sind nur dünne Tafeln ohne Zusammenhalt unter einander, so dass der Bewohner dieselben je nach Bedürfniss weiter auseinander oder enger zusammenstellen kann. Im Inneren hängen über hölzernen Stangen Strohhüte, Felle, verrostete Musketen, Tücher und Kalabassen; aber man sieht weder Fenster, noch Stühle, noch Tische.

Mit der Ceremonie einer Königskrönung sollen Besonderheiten von grossem Interesse verknüpft sein. Sie hängt eng zusammen mit dem Glauben an einen bösen Geist. Dieser Geist wird Maaon genannt; Botakimaaon heisst sein Hoherpriester, und dieser behauptet, mittelst des Kukaruko einen Einfluss auf denselben auszuüben. Der Glaube an einen Gott, welcher Rupé genannt wird, ist nur eine höhere Berufung, als die auf den bösen Geist; indess ist man fest überzeugt, dass die Gunst der Gottheit allein durch Vermittelung des Botakimaaon zu erlangen möglich sei.

Bei der Ceremonie der Krönung steigt der Botakimaaon in eine tiefe Grube, in der er angeblich eine Unterredung mit einem der Kukarukos der Tiefe beginnt; der Herrscher-Candidat steht neben der Grube und äussert sich über alle seine Pläne und seine künftigen Absichten. Diese Besprechung wird wahrscheinlich mittelst der Bauchrednerkunst ausgeführt, in deren Besitz viele Fernandianos sein sollen. Der Botakimaaon überbringt darauf dem Könige die Botschaft des Kukaruko, welche ihm als Norm und als Leitung dienen soll bei der Ausführung der zu übernehmenden Functionen; vertheilt dann eine gewisse Menge gelblichen Staubes, der Isheobos genannt wird, und den man aus dem Wasser an der Mündung einiger kleinen Flüsse nach Verdunstung desselben als einen thonigen Teig gewinnt; nach seiner Leichtigkeit und Zerreibbarkeit zu schliessen, scheint er vegetabilischer Natur.

Während dieser Zeit hat der König den schon von seinem Vorgänger gebrauchten Strohhut auf seinen Kopf gesetzt und damit ist die Krönung beendet. Sobald er König ist, darf er gewisse bestimmte Speisen nicht mehr geniessen. Die Ceremonie wird damit geschlossen, dass einige aus dem Volke ihn mit dem gelben Staube reiben lassen, was der Botakimaaon vollführt, der zugleich Unterweisung ertheilt, wie man sich dieser Substanz bedient, und sie die nächsten sechs Morgen in derselben Weise verwendet.

Der erste Minister des Königs oder die Person, welche das höchste Vertrauen geniesst und welche Boakitshi heisst, ist Chef-General des Heeres, erster Minister, Hauptrathgeber des Königs, Chef und Präsident der Märkte, kurz Alles, vom Minister bis zum Glöckner.

Issappoo hat etwa 2000 Einwohner und kann mehr als 250 Mann in's Feld stellen. Mein Besuch von Banapà und Basuli hat nichts Bemerkenswerthes geboten ausser dem Wege, der dorthin führt. Vom Ueberschreiten des ersten Flusses an führt derselbe bedeutend aufwärts, denn Basuli ist die höchstgelegene Wohnstätte in demjenigen Theile der Insel, worin Santa Isabel liegt. Etwa eine Meile vor diesem Orte zeigte sich ein Weg, welcher zu dem Orte führt, von wo man zuerst das Dorf Basuli gewahrt, in dessen Nähe der General Edward Nicholls wohnte, als er 1830 bis 1832 englischer Gouverneur der Insel war. Der ganze Weg war sehr gleichmässig; die Reossas fanden sich in allen Ortschaften wieder; und die Bubi-Majestät bewilligte mir die Ehre einer Zusammenkunft im ünsseren Theile seines Hauses; er sass auf seinem Throne und seine Königin Salé lag auf dem Boden zu seinen Füssen. Ich muss gestehen, dass sein Aussehn und seine königliche Haltung wenig Eindruck auf mich machten.

Die Ceremonie der Ehe vollzieht eines der ältesten Weiber des Dorfes. Die Polygamie ist herrschend, und es hat einer soviel Frauen, als ihm sein Reichthum erlaubt. Die Ceremonie wird Nachts vorgenommen. Das Paar reicht einander die Hände und die Priesterin gibt jedem ihre Rathschläge: den Mann ermahnt sie, dass er diese Gemahlin nicht verlasse, obwohl er sich mehrere halten kann, und die Frau, dass sie nicht vergesse, die Ländereien ihres Mannes zu bebauen und ihm seinen Palmwein zu bereiten, ebenso wie ihm Treue zu halten. Nach Beendigung der Ermahnung rufen alle Zuschauer ihr Seo d. h. Amen. Die Neuvermählten durchschreiten, gefolgt von zahlreicher Begleitung, das Dorf und schlagen dabei die sogenannten Leebos oder hölzernen Glocken, begleitet vom Krepi oder Chorführer, dessen Gesang sehr feierlich ist und gleichsam eine öffentliche Bekanntmachung der Ceremonie zu sein scheint, welche damit rechtskräftig wird. Dieser Gesang macht auf die Phantasie der Wilden einen tiefen Eindruck.

Die Vermählte ist vom Kopfe bis zum Fusse mit Tschibbuschnüren bekleidet und trägt einen breiten Strohhut, der mit Federn geschmückt ist, meist vom Pfau, welcher häufig im Walde wild vorkommt; der Hut ist mittelst eines hölzernen Dornes, der hier und da hindurchgesteckt ist, am Kopfe befestigt.

Nach Beendigung dieser Hochzeits-Prozession beginnt die Lustbarkeit und die Libation des Bàu oder Palmweines, sowie des Tanzes, welcher eine Stunde später endet.

Eine Viertelmeile oberhalb Sa. Isabels war die Temperatur köstlich und höchst angenehm; über diese Entfernung hinaus finden sich keine Wohnstätten der Eingeborenen weiter. Die Höhe dieses Punktes über Clarence ist schwer abzuschätzen; indess kann man das Haus des Gouverneurs, die Residenz des Agenten des Mr. Horsfall (jetzt das Haus des spanischen Gouverneurs der Insel) und mein eigenes Haus deutlich sehen; die Entfernung mag etwa 6 Millas betragen.

Die Fernandianer, welche die kleinen Dörfer bewohnen, die man an der Küste sieht, deren jedes seinen besonderen Namen hat, schwer zu schreiben und ganz unmöglich auszusprechen, sind Fischer und ernähren sich gänzlich durch diese Beschäftigung. Die Buchten von Fernando Póo beherbergen ungeheure Mengen aller Arten von Fischen. Die Art und Weise des Fanges mit Rohren und Garn ist sehr malerisch. 3 oder 4 Canoes vereinigen sich und schliessen einen Kreis von etwa hundert Ellen Umfang. In die Mitte werfen sie etwas zerkleinertes Fischfleisch, das als Köder dient, und in jedem Kahn befinden sich drei oder vier Männer mit Rohren, Netzen und Angeln, um die in den Kreis kommenden Fische zu erwischen.

Apotto nennen die Fernandianer die Europäer und Colonisten von Sa. Isabel, und das heisst in ihrer Sprache ein Fremder, oder einer, welcher eine fremde Sprache spricht.

Viele Fernandianer sind der Meinung, ihr Volk sei in unvordenklichen Zeiten von der Höhe des Berges herabgekommen. Wenn man weiss, dass der Gipfel des Pik einst ein Krater gewesen ist, so ist diese Vorstellung sehr seltsam; und obwohl ich mich bemüht habe zu erfahren, ob sie irgend eine Idee von der Schöpfung haben, so ist mir dies doch nicht gelungen, weil ich den Dolmetschern den Gegenstand meiner Frage nicht verständlich machen konnte.

Wenn einer aus dem Volke stirbt, so ziehen die übrigen Glieder der Familie in ein anderes Dorf, sobald die Leiche begraben ist. Beim Begräbniss erhält der Körper eine gestreckte Stellung, aber die Hälfte desselben bleibt ausserhalb des Erdbodens. Die Gräber machen die Weiber mittelst Holzstücken. Bei dem Begräbniss findet keinerlei besonderes Ceremoniel statt, wie bei anderen wilden Völkern, ausgenommen nach Krankheiten, welche lebensgefährlich geworden; in diesem Falle baut man eine Hürde oder ein Dach, unter das man den Patienten legt; und jeden Tag legt man an die Aussenseite eine gebackne Banane oder Yamswurzel zu seiner Ernährung, bis der Tod dem Leiden des Unglücklichen ein Ende macht. Yams und Bananen machen ausschliesslich die Nahrung des Volkes aus, und bisweilen erfrischen sie sich durch ein wenig Palmwein.

Die vorstehenden Bemerkungen sind, als von einem Manne, welcher drei Jahre lang auf der Insel gewohnt hat, glaubwürdig; ich habe dieselbe in meiner Erfahrung, sagt Navarro, bestätigt gefunden, als ich in Gesellschaft der Eingeborenen gereist bin und die Könige, mit ihrem Gefolge von Männern, Frauen und Kindern gekommen sind, um dem Gouverneur der Insel ihre Hochachtung zu bezeigen und ihm in einem Huhne, einem Bananenzweige oder einer Yamswurzel einen Tribut darzubringen. Immer mit Hülfe eines Dolmetschers und in der Absicht, die Richtigkeit des Vorstehenden zu prüfen, bin ich mit ihnen auf die Dinge eingegangen und habe sie mit geringen Abweichungen bestätigen können. Der Cocorocó oder Häuptling regiert mit seinem Rathe der Erfahrenen und Aeltesten.

Strafen kommen selten vor; der einzige wirklich barbarische Act, den ich kennen gelernt, und dem ich nicht entgehen konnte, war, dass einer beim Ehebruche ergriffenen Frau ein oder beide Arme abgehauen wurden. Abgesehen von dieser ungewöhnlichen Strafe, finden wir das Volk nicht so an Grausamkeiten gewöhnt, wie sie in anderen Ländern so gewöhnlich sind, welche aufgeklärter zu sein behaupten.

Der Licentiat Jeronimo de Usera und Alarcon, ein Missionar, welcher an Bord der Corvette Venus mit der Expedition Manterola auf die Insel gekommen war, hat ein Vocabular der gewöhnlichsten Bubi-Redensarten mit der spanischen Uebersetzung herausgegeben, eine Arbeit von grossem Verdienste, aber dennoch sehr unvollständig; viele der darin aufgeführten Worte sind, von mir ausgesprochen, den Bubis unverständlich gewesen, und von ihnen ausgesprochen, haben viele mir völlig anders geklungen. Dies ist eine Arbeit für die katholischen Missionäre, welche in die Nothwendigkeit versetzt sind, sich mit der Sprache des Volkes vertraut zu machen, um sie den wahren Gott kennen zu lehren und aus der Finsterniss des Götzendienstes zu befreien.

Capitän Kelly sagt von der Sa. Isabel-Bai: »Rings um die Bai erhebt sich das Land zu einem weiten und herrlichen Amphitheater. Ausser der Bai von Neapel kenne ich keinen anderen Punkt, welcher mehr geeignet wäre, durch die Kunst und Industrie in ein wahres Eden verwandelt zu werden; der ungeheure Wald, welcher die Abhänge der Hügel bekleidet, muss den Zuckerrohr-Pflanzungen weichen; der Saum der Hügel muss sich mit Kaffee-Plantagen bedecken; und in dem östlichen Winkel der Bai und auf dem dem Flusse zunächst gelegenen Boden muss eine Ortschaft als Hauptstadt der Insel angelegt werden: dann wird Fernando Póo unstreitig jede der britischen Antillen-Besitzungen überragen. (Quarterly Review, Oct. 1821).

Die Stadt Santa Isabel, ehemals Clarence-Cove, liegt auf einer etwa hundert Fuss hohen Ebene und empfängt hauptsächlich die SW.-Winde. Alle Häuser sind aus Holz gebaut; nur 3 oder 4 haben zwei Stockwerke. Das Material zu den Häusern ist einheimisches Holz, und sie stehen im Allgemeinen ziemlich regelmässig; in ihnen sieht man sofort die Gewöhnung an die Civilisation, welche an allen Bewohnern wahrzunehmen ist. Der Raum, auf welchem die Stadt steht, ist ganz geebnet und neigt sich, wo er sich dem Fusse der Hügelkette nähert, welche nach Osten läuft. Die Stadt ist im Viereck aufgebaut. Zwei oder drei der Haupt-Zugänge trennen sich von dem anderen, welcher längs des Strandes hinläuft, und sie schneiden rechtwinklig andere Gassen von geringerer Bedeutung, welche, obwohl breit und geräumig, ganz mit Kraut bedeckt sind, namentlich in der Regenzeit. Alle Wohnungen sind aus roh bearbeiteten Brettern gebaut und die Dächer aus Ziegeln oder Bambus gemacht; die Häuser der reicheren Colonisten sind die einzigen, welche über dem Erdboden erhoben stehen.

Die wenigen Häuser, welche auf der Plateform liegen und vom Meere aus sichtbar sind, sind die besseren des Ortes, weil die hinter dieser Plateform stehenden nicht für eine vorzügliche Klasse afrikanischer Wohnungen gelten können. Die hier wohnenden Neger, mit Ausnahme der Krumans, erscheinen alle europäisch und sind sehr höflich und civilisirt.

Nahe am Ende der Punta Fernando steht ein Monument, das in London gefertigt ist, errichtet zum Andenken der Beamten und Theilnehmer der Erforschungs-Expedition, welche die englische Regierung 1841 und 1842 nach dem Niger schickte. Unter einer ungeheuren Ceiba, unterhalb welches Baumes von den Capellanen der Expedition Lerena die Messe gelesen wurde, liegt der Gouverneur Becroft begraben, der am 10. Juni 1854 in seinem 64. Jahre starb. Eine Säule mit Inschrift bezeichnet sein Grab. Sein Nachfolger war der Repräsentant der Königin von Spanien, J. B. Lynslager.

Hierauf folgt auf der Plateform das neue, am 19. Dec. 1858 eröffnete und für jeden erkrankten Fremden zugängliche Hospital; und auf dieses die Wohnung des britischen Consuls für die Biafra-Bai, Mr. Hutchinson, ein eisernes, aus England hierhergebrachtes Gebäude, unstreitig das solideste, bequemste und am besten ventilirte in der ganzen Colonie. Darauf das neue, als Residenz der spanischen Gouverneure der Insel acquirirte Haus des Herrn Horsfall und der Liverpool-Compagnie, das aus Materialien gebaut ist, welche man aus den Vereinigten Staaten von Nord-Amerika hat kommen lassen und das für den Handel bestimmt gewesen ist; der Agent Dr. Stammore hat es dem Gouverneur Carlos Chacon gegen 850 Pfd. Strl. abgetreten. Dieses Haus, welches grosser Reparaturen bedarf, um seinem Zwecke zu entsprechen, beherrscht in der Front den schönen Blick auf die Bai, und hinter demselben liegt ein herrliches, von zwei Hügelabhängen gebildetes

Thal, durch welches ein Pfad zu den dazu gehörenden Speichern führt, in einer Weitung, wo der Bach entspringt, der den ganzen Ort umkreist. Nichts ist für das Auge angenehmer, als dies mit einem grünem Teppich bedeckte Thal, in welchem sich hie und da eine Palme erhebt. — Wenige Schritte weiter folgt die Wohnung des Herrn W. Lynslager, des schon erwähnten Ex-Gouverneurs, der mit Palmöl und Früchten handelt und Agent der Packetboot-Gesellschaft für West-Afrika ist. Nach kleinem Zwischenraume gewahrt man zwei viel schlechtere Häuser, deren eins der Baptisten-Missionar Dr. Diboll mit Frau und Kindern bewohnt; und dann schliesst dieser Theil der Plateform mit der Wohnung des aus Amsterdam stammenden Ex-Gouverneur Lynslager und seiner zahlreichen Familie. Die ausgedehnten Speicher, welche hinter diesem Hause stehen, und die noch grösseren am Strande zeugen von dem ausgedehnten Handel in Palmöl und Früchten aller Art, die Bequemlichkeit und Ausdehnung des Hauses, sowie seine splendide Gastlichkeit von seinem Reichthume. In ihm findet ohne Unterschied jeder Fremde von geringem oder hohem Stande Unterkunft, er mag des Handels, der Forschung oder des Studiums wegen nach Fernando Póo kommen, und zugleich ist es der Vergnügungsort für die Offiziere aller europäischen Flotten, welche hierherkommen. Diese Gastlichkeit und die der englischen Flotte bei verschiedenen Gelegenheiten geleisteten Dienste machen, dass die Beamten derselben stets mit dem Namen Fernando Póo unzertrennlich den von Lynslager aussprechen.

Bei diesem Hause endet der schräge Weg, welcher mit geneigter Fläche vom Strande zum Landungsplatze der Boote läuft, und welcher ziemlich gut angelegt und mit einem Steinpflaster versehen ist; er wird beständig ausgebessert, weil er von den Fluten angegriffen wird. In der Mitte des Aufstiegs ist, in den Fels gearbeitet, das Gefängniss der Colonie, welches sehr ungesund, schlecht ventilirt und höchst unbequem gelegen ist; für die Weiber ist ein anderes vorhanden, unterhalb der Speicher des Ex-Gouverneurs. Die Gefangenen dieser Colonie werden auf Kosten der Regierung mit Yams und Wasser ernährt.

Die Plateform wird hier auf eine Strecke von 150 Ellen unterbrochen, welche eine der Seiten des Quadrates ist, das den spanischen Platz bildet, der weit und geräumig, mit Grün bedeckt ist, und auf dem die drei Hauptadern der Stadt ausmünden: eine im Rücken der beschriebenen Plateform, die andere längs des Meeres und am Flusse endend, hinter den Häusern, und die dritte, welche die Fortsetzung der ersteren ist. Das erste Haus, das wir auf der genannten Plateform finden, wenn wir die Fronte des Platzes kreuzen, gehört Thomas Simpson, einem Engländer, der eine farbige Frau hat, mit Früchten handelt, und Sekretär des Ex-Gouverneurs ist. Zuletzt kommt ein anderes Haus, ein Rival des vorigen, der Wittwe des Henry Mathews gehörig, einem farbigen englischen Kaufmann, welcher 1852 in Fernando Póo fallirte; seitdem führt diese Frau, mit ihren beiden Söhnen, das Haus.

Damit endigt der Häusercomplex der Plateform; aber dieser Theil gilt nicht für so gesund, wie das Uebrige; die Brisen führen mehr Miasmen dorthin, weil sie hier über eine grössere Menge von Gebüsch und Vegetation hinziehen. Diese Frau Mathews, eine Negerin, mit ihren dunkelfarbigen Mulatten-Söhnen, hat in England eine vorzügliche Erziehung genossen, und diesem Umstande ist die Erhaltung ihres Hauses zuzuschreiben. Man sieht im ganzen Orte den Werth der Bildung ein. Die Familienväter von einigem Vermögen schicken ihre Söhne in die Collegien von Sierra Leona zur Erziehung; man kann deshalb von vielen Neger-Colonisten in Isabel sagen, dass sie nur ihrer Nationalität nach Afrikaner sind, in allem Uebrigen aber Europäer. Zwischen diesem Hause und einigen von Krumans bewohnten Pflanzungen beginnt ein schöner Weg von 15 bis 20 Ellen Breite, und von 1 bis 1½ Milla Länge, der am Meere endet und als öffentlicher Spaziergang dient. Wenn das Wetter es erlaubt, ergeht sich hier Sonntags die Aristokratie der Colonie und zeigt, wie sie bemüht ist, die Moden Europas, namentlich die englischen, nachzuahmen. Auch ist der Anstand bemerkenswerth, welchen die Männer und Frauen stets beobachten, wenn sie den Spaziergang besuchen, und ihre Achtsamkeit im Grüssen nicht nur gegen die an ihrer Seite vorbeikommenden Europäer, sondern auch gegen ihres Gleichen. In geringer Entfernung vom Anfange dieses Weges hat man zur Rechten, wo eine mächtige Ceiba steht, den Kirchhof angelegt. Der protestantische oder allgemeine Kirchhof der Colonie liegt am Ende der Strasse, welche am Flusse verläuft. Das leise Murmel der Cascade, welches ein Seitenarm desselben verursacht, versetzt den Besucher in eine melancholische Stimmung, um so mehr als hier die heroïschen Erforscher Afrikas ruhen. Es sind darunter verschiedene Offiziere der englischen und französischen Marine, auch der berühmte Botaniker Dr. Vogel und der englische Capitän Bird Allen. Die Vegetation an dem Orte ist dicht und reich. Der Fluss strömt hinter diesem Kirchhofe, und in seinem wenig tiefen Wasser sieht man täglich in den späteren Stunden den grössten Theil der Weiber des Ortes beschäftigt, ihre Kleider zu waschen und ihre gewohnten Waschungen vorzunehmen, was sie mit besonderer Vorliebe thun. Der ganze Strand ist mit Niederlags-Speichern der reichsten Kaufleute der Colonie besetzt, sowie mit Kohlenlagern, welche der englischen Marine und der Dampfschifffahrts-Gesellschaft des westlichen Afrika gehören. Jetzt hat auch die spanische Regierung eine Niederlage eingerichtet, welche sich täglich mehr ausdehnt.

Die drei vorhin genannten Strassen werden von verschiedenen anderen, unter sich parallelen Gassen von grösserer oder geringerer Länge und Breite senkrecht durchschnitten, alle mit Gras bewachsen, und in ihnen stehen die Häuser der übrigen Colonisten, welche, von verschiedenen Orten gekommen, sich hier niedergelassen haben, darunter mehrere Portugiesen, freigelassene Sklaven von Sao Tomé und der Prinzen-Insel.

Fernando Póo ist im Jahre 1471 (die älteren Angaben schwanken zwischen 1441 und 1475) von einem portugiesischen Seefahrer entdeckt worden, welcher die Insel Formosa (die Schöne) nannte; aber bald darauf erhielt sie den Namen ihres Entdeckers, Fernando Póo. Dr. Hensmann hat sie wegen der Schönheit ihrer Lage das Madeira des Guinea-Busens genannt. — Es ist behauptet worden, die portugiesische Regierung habe diese Insel an Spanien abgetreten im Austausche gegen Trinidad; indess die Historia general de Espana, die Fortsetzung des Pater Mariana, sagt, wo sie dieser Inseln erwähnt, dass sie an Spanien abgetreten wurden mittelst des Traktates, der am 24. März 1778 in Madrid vollzogen wurde, nachdem ein anderer geheimer abgeschlossen war, der am 1. Oktober vorhergehenden Jahres durch Joseph II., den zur Zeit regierenden Fürsten von Portugal, bestätigt worden war. Die spanische Regierung bedung sich aus, dass sie sofort diese Inseln in Besitz nehme. Zu dem Behufe ernannte sie den Brigadier Grafen von Artalejos zum Führer einer Expedition, welche von Montevideo unter Segel gehen sollte; zweiter stellvertretender Chef war der Artillerie-Hauptmann Joachim Primo de Rivera. Diese Expedition, bestehend aus der Kriegsfregatte Catalina und zwei anderen kleineren Schiffen, in welchen sich 150 Mann und verschiedene Handwerker und Beamte befanden, lichtete zu Montevideo am 7. April 1778 die Anker.

Erst am 21. Oktober landete sie auf Fernando Póo nach einer langen und beschwerlichen Seereise von sechs Monaten; am 24. nahm sie Besitz von der Insel, und am 25. segelte sie nach Annobon. Auf dieser zwei Monate dauernden Reise hatten sie das Unglück, den Grafen von Artalejos zu verlieren; ihm folgte als Befehlshaber der Hauptmann Primo de Rivera. Auf Annobon wurden sie durch die portugiesischen Residenten zurückgewiesen, welche sich darauf beriefen, dass sie sechzig Jahre lang ruhig im Besitze der Insel gewesen seien, sich verschanzten und Artillerie und Missionen organisirten.

Primo de Rivera wagte es nicht, Gewalt zu gebrauchen, und begab sich nach der portugiesischen Insel Sao Tomé, um Befehle von der Regierung zu Madrid zu erwarten. Diese aber missbilligte sein Verfahren und befahl, er solle Annobon in Besitz nehmen und vor Allem auf Fernando Póo residiren. Letzteres führte er am 9. Dezember aus und nahm in der östlichen Bai, welche Concepcion-Bai heisst, ganz feierlich Besitz von derselben.

Die Entbehrungen und dauernden Leiden einer langen Seefahrt, sowie der Mangel guter Nahrungsmittel machten, dass unter den Ansiedlern die afrikanischen Fieber ausbrachen, welche sie nach einander hinrafften. Die Vereinigung aller dieser Umstände rief eine Empörung hervor, geleitet von dem Sergeanten Hieronymus Martin und vier Corporalen. Die Empörer nahmen den Primo de Rivera gefangen, und schifften sich am 31. Oktober 1781 nach Sao Tomé ein, wo sie am 16. Januar 1782 ankamen. Hier wurden die Meuterer gefangen genommen, und obwohl Primo de Rivera durch alle möglichen Mittel versuchte, nach seiner Colonie zurückzugelangen, so fand er doch so viele Hindernisse, dass er beschloss, mit dem Reste der Expedition wieder nach Montevideo zurückzugehen.

Als die Regierung zu Madrid Kenntniss von dem Aufstande erhielt, sendete sie dem Primo de Rivera neue Unterstützung und befahl ihm am 22. Februar 1782, sich nach Fernando Póo zu begeben. Aber diesen Befehl empfing er in Montevideo am 12. Februar 1783, in welchem Hafen er zehn Tage zuvor Anker geworfen hatte, mit nur 22 Mann von den 150, welche 1778 die Expedition gebildet hatten. Die übrigen waren dem Klima, den Leiden und Entbehrungen zum Opfer gefallen. So endete die erste spanische Expedition nach den Guinea-Inseln.

Die häufigen Besuche englischer Kriegs- und Handelsschiffe auf der Insel Fernando Póo, um sich Wasser, Yams und Schlachtvieh zu verschaffen, (was sie nur gegen Eisenstücke oder eiserne Fassbänder erhielten) veranlasste die englis he Regierung, eine Colonie auf dieser Insel anzulegen, und das geschah im Jahre 1827. Die englische Regierung kannte sehr wohl ihre vorzügliche Lage, ihre regelmässige Witterung und ihr gutes Wasser; sie beschloss Fernando Póo zum Ausgangspunkte aller ihrer wissenschaftlichen Unternehmungen zu machen, sowie der commerciellen und der Erforschungsreisen auf dem Niger, und sie verlegte dorthin zugleich den in Sierra Leona zur Unterdrückung des Sklavenhandels eingesetzten gemischten Gerichtshof. In dieser Absicht wurde, ohne das Anrecht Spaniens auf die Insel zu berücksichtigen[1]), im Jahre 1827 die Expedition des Capitän Owen ausgesendet. Die spanische Regierung protestirte gegen eine solche Occupation, es erfolgten Vernehmungen zwischen beiden Regierungen, und das Ende war, dass das Anrecht der Spanier auf die fraglichen Inseln anerkannt wurde.

---

1) Nach Wilsons Angabe haben die Engländer die Insel auf eine Reihe von Jahren gepachtet gehabt.

Capitän Owen, der am 27. Oktober 1827 ankam, hatte das Amt eines General-Aufsehers der Colonie, während die Civil-Regierung dem Capitän Harrison übertragen war. Das Colonienland wurde Clarence genannt; man schloss einen Kaufvertrag mit zwei Häuptlingen der Eingeborenen, und fing an zu entwalden und zu bauen. Indess die Engländer begingen einen grossen Fehler in ihrer Colonisationsweise, indem sie zur Bodenarbeit Europäer verwendeten in der tropischen Hitze und an Oertlichkeiten, wo am ersten zu besorgen war, dass sich die Keime von Krankheiten festsetzen würden. So kam z. B. der Capitän Beaver mit 300 kräftigen Männern auf die Insel; in kurzer Zeit hatte der Tod diese bis auf 28, endlich auf 4 oder 5 reducirt; zuletzt kehrte Beaver mit Einem Gefährten nach England zurück. Hunderte von Menschenleben wurden der Idee geopfert, ein Militär-Etablissement in Clarence zu gründen, wozu man Schanzen mit Schiessscharten anlegte, um Artillerie unterzubringen: gewiss ein falsches System, wenn man den Boden bauen und die verschiedenen Klassen des Volkes civilisiren will.

Von 1827 bis 1833 blieb die Colonie Clarence, die einzige Ortschaft der Insel, die der Eingeborenen ausgenommen, in den Händen der Engländer; aber in jenem Jahre kam der Admiral Warren auf der Iris dorthin und verzichtete völlig auf die Erhaltung und den Besitz dieser Insel im Namen der englischen Regierung. Von den Gründen zum Aufgeben stützte sich ein grosser Theil auf die falschen Nachrichten, welche der englischen Regierung über diese Insel die gegeben hatten, welche dabei interessirt waren, dass das gemischte Tribunal in Sierra Leona bliebe; welchen es nicht recht war, dass bei der Entwaldung nicht Neger verwendet worden, sowie dass die entsprechenden Gesundheits-Rücksichten genommen worden, um die Wohlfahrt der zu diesen Arbeiten verwendeten Europäer zu wahren.

Als die englische Regierung auf ihre Häuser, Speicher und die übrigen Etablissements in Clarence verzichtete, gingen dieselben in die Hände von Dillon, Tenaut und Comp. über, und als diese fallirten, kamen sie 1837 an die Compagnie des westlichen Afrika, welche sie bis 1841 besass, in welchem Jahre sie die Baptisten Missions-Gesellschaft für 1500 Pfd. erwarb.

Trotz dieser Ungesundheit des Klimas, welche die Engländer 1827 behaupteten, und welche sich in der Praxis anders erweist, können alle schwer Erkrankten aus den Flussschiffen nach dieser Insel transportirt werden, und man dachte 1839 aufs Neue daran, den gemischten Gerichtshof und andere hohe britische Behörden von West-Afrika dorthin zu verlegen. Zu diesem Behufe wurde der spanischen Regierung der Verkauf der beiden Inseln Fernando Póo und Annobon vorgeschlagen, und nach Einleitung der Verhandlungen berichtete die provisorische Regierung im April 1841, dass man unter Vorbehalt der Zustimmung der Cortes die von den Engländern gebotenen 60.000 Pfd. (6 Millionen Realen) annehme. Bei den Cortes indessen fand die Sache grossen Widerspruch, ebenso wie in der Majorität der Presse und in den wissenschaftlichen und ökonomischen Gesellschaften Spaniens. Der damalige Minister Ant. Gonzalez zog nicht nur das Project der Abtretung zurück, sondern beschloss in Uebereinstimmung mit seinen Collegen sofort die Ausrüstung einer Expedition, um sich aufs Genaueste vom Zustande der Inseln zu unterrichten und nahm im Namen der Königin von Spanien von denselben Besitz. Dies war die Veranlassung zu der Expedition des Capitän Juan José de Lerena 1843, deren wichtigstes Resultat die Aquisition der Insel Corisco war, welche in der nach derselben benannten

Bai liegt, nahe der Mündung des Gaboon, und deren Bewohner inständigst die Anerkennung ihrer spanischen Nationalität erbaten. Die Nationalflagge flatterte über Fernando Póo und Annobon, und um für die Folge eine gute Ordnung, Uebereinstimmung und bessere Verwaltung der Insel zu sichern, wurde Mr. Becroft zum Gouverneur derselben ernannt, um in Gemeinschaft mit einem Rathe der Vornehmsten des Landes zum Wohle der Bewohner alles Nöthige zu thun.

Das Gouvernement Fernando Póo schloss auch das der Dependencen Annobon und Corisco in sich.

Verschiedene Ursachen verhinderten, dass die Bemühungen, zu denen die Expedition des Lerena Veranlassung gab, unmittelbar Resultate hatten, Bemühungen, die mit grossem Eifer und mit Kenntnissen von verschiedenen Beamten des Staats- und Marine- und Handels-Ministerium, sowie der überseeischen Verwaltung, dem Juan José de Arguindegui, José Gastero Serrano und Jorge Lasso de la Vega, mit Unterstützung eben des Lerena, vorbereitet waren.

Zu Anfange des Jahres 1845 wurde eine neue Expedition nach den spanischen Besitzungen im Guinea-Golfe ausgesendet. Die Kriegs-Corvette Venus, unter Befehl des Fregatten-Capitäns Nicolas Manterola, wurde zu dieser Reise bestimmt; ihn begleitete der General-Consul für Sierra Leona, Adolf Guillemard von Aragon, Richter an dem dort eingesetzten gemischten Tribunale. Diese Expedition erreichte keine grossen Resultate. Da mittlerweile die englische Regierung einsah, dass die Interessen ihres Handels in der Bucht von Biafra die Gegenwart eines Consuls erheischten, so ernannte sie zu diesem Amte Mr. Becroft, den spanischen Gouverneur von Fernando Póo, welcher beide Aemter bis zu seinem Tode verwaltete; ihm folgte der Gouverneur Lynslager, welcher sie verwaltete, bis die von Carlos Chacon befehligte Expedition auf der Insel ankam.

Am 23. Mai 1858 ankerte bei Santa Isabel der Dampfer Vasco Nunez de Balboa, welcher den neuen Gouverneur und eine Mission der Gesellschaft Jesu brachte, die das Licht des Evangeliums unter die Eingeborenen verbreiten sollte. Ein Ingenieur-Chef, unterstützt von zwei Altmeistern, war beauftragt, den gebirgigen Theil der Insel zu erforschen, um Angaben über den Reichthum der Insel an Holz aller Art zu erlangen und dasselbe bei dem Bau der Kriegsschiffe zu verwenden. Dieser Dampfer ging einige Tage früher ab, als die Brigg Gravina, die Galeotte Cartagenera und der Hucker Santa Maria, welche das Geschwader der Expedition bildeten und ihre Materialien führten; ein Theil derselben war das zu einem Baracken-Hospitale nöthige Holz, Lebensmittel für sechs Monate, ein grosser Vorrath von Medicamenten und Schiffsbedürfnisse aller Art. Der erste Dampfer kehrte nach Erlangung der nothwendigen Nachrichten über die Insel, und das letztere Fahrzeug nach Aufstellung des Hospitals nach Spanien zurück. — Die letzte Expedition ging 1859 dahin ab. Don José de la Gandara brachte 120 Colonisten nach der Insel, nebst 150 Mann Infanterie. 7 Offizieren, 2 Chirurgen, 1 Apotheker, 2 Genie-Capitäns, 2 Artillerie-Offizieren, 8 Civil-Beamten und 16 Jesuiten, alle auf der Fregatte Ferrolana und 2 Begleitschiffen. Jeder Colonist erhielt 3000 Realen zur Erbauung eines Hauses. Im August kamen sie an, und nach 6 Monaten waren davon noch 3 als Kaufleute etablirte übrig, alle übrigen waren todt oder nach Spanien zurückgekehrt. Nur 61 der 184 Beamten konnten die ihnen vorgeschriebene Zeit von 3 Jahren aushalten; 35 starben und 88 gingen vor der Zeit nach Spanien zurück.

Die gesammte Bevölkerung der Insel schätzte Alarcon 1848 auf 15.000, Wilson 1856 auf 20.000.

Santa Isabel zählte am 31. März 1856:

	Aus	Männer	Frauen	Summa
Englische Bewohner	England	6	1	
	Sierra Leona	47	21	105
	Englisch Accra	20	1	
	Cabo Costa	6	3	
Durch die englischen Kriegsschiffe in Freiheit gesetzte Negersclaven.	Lagos	12	28	
	Aboh	36	29	
	Alt Calabar	22	24	
	Camarons	14	15	238
	Cabinda	6	13	
	Congo	16	18	
	Fopoh	1	1	
	Asu	2	1	
Waisen alter Ansiedler, welche meist mit Capitän Owen gekommen.	Sa. Isabel	22	21	43
		89	91	180
Arbeiter und Diener, nicht engl. Untergebene und nicht befreite Neger.	Boony	14	6	
	v. d. Prinzen J. u. Sao Tomé	33	8	
	Holländisch Accra	7	1	
	Bimbia	55	13	
	Alt Calabar	4	21	
	Camaruns	44	13	416
	Eingeborene	29	9	
	Benin	1	1	
	Amerika	—	1	
	Jamaica	1	—	
	Krumans	158	—	
				982

Dieselbe zählte im Oktober 1858:

Männer 412
Frauen 218 } 630
Knaben 86
Mädchen 96 } 182 } 858
Flottirend 46

Nach der Nationalität waren von

	Männer	Frauen	Summa		Männer	Frauen	Summa
Santa Isabel	105	97	202	Akaw	2	—	2
Eingeborene	39	28	67	Portugiesen	14	6	20
Bimbia	29	14	43	Spanier (Jesuiten)	6	—	6
Camarones	50	24	74	Krumans	209	—	209
Congo	9	7	16	Cabo Costa	9	—	9
Alt Calabar	24	39	63	Gabun	7	1	8
Lagos	15	11	26	Engländer	5	2	7
Eboe	38	44	82	Sierra Leona	17	7	24
							858

Der Religion nach waren 20 römisch-katholisch, 178 protestantische Baptisten, 14 von der englischen Kirche.

Der Beschäftigung nach:

Es handelten mit Landesfrüchten	89	Maurer	2
Landbauer	2	Schmiede	1
Zimmerleute	81	Tagelöhner	62
Holzhauer	13	Seeleute	11

Fernando Póo liegt vor der vom Lagos bis zum Gaboon etwa 1000 Millas langen Küste, an welcher ungefähr 40 Flüsse in's Meer gehen. Fragen wir uns nun einmal, welche Vortheile der Insel aus der ihr eigenthümlichen Lage hervorgehen können. Einige dieser Flüsse stehen mit dem Niger in Verbindung und gewähren also Zugang bis in das Innerste Afrika's. Monatlich besuchen die Insel die englischen Paket-Dampfer von Plymouth, sowie englische, französische, holländische und amerikanische Handelsschiffe, welche sich hier mit Wasser, Yamswurzeln zur Ausrüstung u. s. w. versehen. Die englischen Schiffe überwiegen bei Weitem, sowohl der Zahl, als dem Tonnengehalte nach. Englische Kaufleute führen jährlich aus jenen Flüssen bedeutende Mengen von Produkten aus, hauptsächlich Palmöl, Elfenbein, Eben- und Färbeholz, in Summa wohl für eine Viertelmillion Pfund Sterling. Die Insel bietet aber auch die ganze Stufenleiter der Klimate, vom tropischen bis zum polaren auf dem Gipfel des Pik. Als Kohlendepot für die Dampfer aller Nationen und Gesellschaften ferner ist sie von unbestreitbarer Wichtigkeit theils wegen ihrer centralen Lage, theils wegen der Bequemlichkeit und Sicherheit, sowie der hinreichenden Ausdehnung ihrer Hafenbucht. Die Produktion von Palmöl kann auf das Hundertfache gesteigert werden, wenn der spanische Handel sich damit befasst und die hydraulischen Pressen zur Extrahirung des Saftes eingeführt werden; damit würde zugleich die Bodenbearbeitung und die Beschäftigung der Eingeborenen gesteigert werden. Die Produktion von Yams und Früchten mit ausgedehnter und angemessener Cultur würde ausserordentlich zunehmen, und die Viehzucht bietet dem Spekulations- und Unternehmungsgeiste ein weites Feld. Die Insel würde allein durch die Produktion von Palmöl und Yams eine reiche Niederlage dieser Artikel bilden; aber die Bequemlichkeit ihrer Häfen würde auch Veranlassung werden, dass die Produkte von den nahen Flüssen des Festlandes hier zusammenströmten und ein bedeutender Küstenhandel sich entwickelte, der viele Menschenkräfte beschäftigte.

Auch das vortheilhafte (?) Klima der Insel müsste Veranlassung werden, dass so manches Schiff sich hierhin wendete, um den Europäern in den Tropen als Gesundheitsstation zu dienen, wenn nur die Regierung oder Private in 1500 bis 2000 F. Meereshöhe Sanitarien anlegen und ausstatten wollten. Der Anbau von Indigo und Baumwolle, von Kaffe, Cacao und Tabak würde sich bald reichlich lohnen, hier wie an den Küsten Afrika's. Es ist daher in Spanien's Interesse, die Colonisirung der Insel so schnell als möglich in's Werk zu setzen. Zunächst freilich müsste mittelst der Arbeitskraft der Krumans vor allen Dingen die Entwaldung vorgenommen werden. Einstweilen befinden sich nur fünf Ackerbau-Etablissements auf der Insel, die im Ganzen etwa 2800 Hectaren bearbeiten. Einwanderern weis't die spanische Regierung unentgeltlich Ländereien an, welche die ersten fünf Jahre hindurch steuerfrei bleiben.

Alle drei Monate kommt ein spanisches Kriegsschiff, welches für die Bedürfnisse der Verwaltung sorgt; mit besonderer Erlaubniss der Regierung kann man auf der Insel gewonnene Produkte nach dem Heimatlande senden. Ohne die englischen Postboote der afrikanischen Dampfer-Colonie, welche am 9. und 24. jedes Monats an Fernando Póo anlegen, wäre sonach ein Handel und ein Absatz der Produkte so gut wie unmöglich, da sonst weder ein Dampfer, noch ein Handelsschiff von Spanien je hierher kommt. Der unbedeutende Handel ist also gewissermassen ein Monopol der Engländer. Eingeführt werden hauptsächlich: Tabak in Blättern, Rum, Flinten mit Steinschlössern, Pulver, Kattun; diese Waaren haben hier den doppelten oder dreifachen Preis. Ausgeführt wird fast nur Palmöl; indess hat man angefangen, auch Baumwolle und Cacao zur Ausfuhr anzubauen.

Annobon.

Die Insel Annobon (d. h. gutes Jahr) liegt in 1° 25' s. Br. und in 23° 19' 30" ö. L. von Ferro, 30 g. M. von Fernando Póo entfernt; sie hat eine Kegelgestalt und ist von einem Rande von Palmen umzogen. Sie ist ganz von Negern bewohnt, welche einen fast unverständlichen portugiesischen Dialekt sprechen. Nach Wilson ist nicht bekannt, wie diese Insel von Portugal an Spanien gekommen ist. Sie ist von Juan von Sántarem am 1. Januar 1498, nach Anderen am 10. Juni 1473 entdeckt worden. Bis zum Jahre 1592 machten die Portugiesen keine Anstalten zur Colonisation, und auch von da an waren nur 4 oder 6 portugiesische Beamte dort, und die Insel war eine Dependenz von São Tomé. 1641 nahmen die Holländer diese und die übrigen Guinea-Inseln. Im Frieden wurden den Portugiesen ihre Besitzungen zurückgegeben, und sie blieben danach in ruhigem Besitze dieser Insel, die aber freilich werthlos für sie war. Endlich im Frieden von Pardo, am 24. März 1778, wurden sie förmlich an Spanien abgetreten, Annobon und Fernando Póo. — Die gesammte Bevölkerung beträgt nach Angabe der Bewohner etwa 2000 Seelen, nach Wilson höchstens 400, 1836 gab der Gouverneur 3500 an. Mehr verhungertes und heruntergekommenes Volk kann man nirgends sehen. Die Berge dieser Insel verrathen kein bedeutendes Pflanzenleben, nicht nur weil wenig Regen fällt, sondern auch wegen der entschieden vulkanischen Natur des Erdreiches; sie liefert daher nicht den nöthigen Unterhalt für die Bewohner, deren grosse Trägheit auch dem Boden nichts durch Kunst abringt, was er freiwillig zu geben verweigert. Sonach leben sie hauptsächlich vom Fischfange, der nicht reichlich ist, und deshalb herrscht eigentlich stets Hungersnoth, so dass die Bewohner viel eher wandelnden Skeletten, als Menschen ähnlich sehen, und so heruntergekommen sind, dass sie ihre vier- oder fünfjährigen Kinder gern für einen Schiffszwieback hingeben! Sie nennen sich römische Katholiken, und ihre Kirche steht unter einem Neger, welcher Pfarrer titulirt wird, sich wie eine Art von Bajazzo kleidet und bis zum Uebermaasse unwissend ist. Sie haben fünf Kirchen, deren Heilige und Zieraten unbeschreiblich sind; der jährlich zu erwählende Gouverneur wird mit Feierlichkeit eingesetzt und erhält eine Regenkappe von rothem Flanell, die durch ihren Schmutz und ihr Alter merkwürdig ist. Es ist unmöglich, von dem unausgesetzten Geschrei eine Vorstellung zu geben, welches sie während der vier Tage erhoben, die wir in Annobon blieben, und in welchem sie um Brod baten, das ihre Lieblingsspeise ist; aus Mitleid wurden einige Kinder an Bord des Dampfers Vasco Nuñez de Balboa genommen, deren sich die Eltern unter allen Umständen entledigen wollten, weil sie dieselben nicht erhalten konnten. Am Nachmittage unseres Ankunftstages wurde auf dem Lande die spanische Flagge aufgezogen unter dem Zusammenlaufe aller Bewohner des Ortes.

Diese Insel ist hinsichtlich der Gesundheit allen anderen afrikanischen voranstehend; nächst ihr ist São Tomé die gesundeste. Moros sucht den Grund darin, dass sie stets von der Aequatorialströmung umschlossen ist, während die Prinzen-Insel und Fernando Póo stets von der Guinea-Strömung umflossen sind, und Sanct Thomas abwechselnd von der einen und der anderen Strömung berührt wird. Die trockene Zeit, vom November bis Mai, ist herrlich; die herrschenden Winde sind SW, S und SO; selten weht der Harmattan oder NO. Die Regen und die Tornados in der nassen Zeit dagegen sind furchtbar. Leider besitzt sie keinen guten Hafen. Der auf der NO-Seite ist zwar gegen alle Winde geschützt, hat aber als Ausschiffungsplatz einen schlimmen Strand, welcher die kleineren Fahrzeuge, die sich ihm nähern, in die höchste Gefahr bringt. Auf dem Gipfel des Pik befindet sich eine Lagune von Süsswasser mit fünf Abflüssen, wahrscheinlich an der Stelle eines ehemaligen Kraters. Dem Gouverneur stellten sich in Annobon sechs Bewohner der Insel vor mit dem Wunsche, an Bord des Dampfers als Matrosen zu dienen, weil sie sonst verhungern müssten und keine anderen Unterhaltsmittel besässen. Sie sahen wirklich wie Gespenster aus, aber die gute Behandlung und die Kost hat aus ihnen Menschen gemacht.

Somit erscheint die Insel Annobon werthlos, und es ist auch nicht zu glauben, dass sie einmal Werth erlangen werde, weniger wegen ihrer geringen Fruchtbarkeit,[1]) als wegen ihrer Lage ausserhalb aller Schiffscurse, und vor Allem wegen der mangelnden Häfen. — Wenn sich die Regierung dahin entschliesst, diese Besitzungen zu einer stehenden Dampferstation zu machen, so würde auch Annobon besucht und selbst colonisirt werden können; aber sie zu einer Deportations-Insel zu machen, wie vorgeschlagen worden ist, das hätte den Uebelstand, dass die Verurtheilten schwierig dorthin zu schaffen sind, dass eine Garnison auf die Insel gelegt werden müsste, Lebensmittel dahin zu schaffen wären etc.

Corisco.

Diese Insel liegt in 56° n. Br. und 24° ö. L. und ist von grosser Wichtigkeit wegen ihrer Lage vor der Mündung bedeutender Flüsse, des Mundah und Gabun, trotzdem ihr als sicher zu betrachtende Ankergründe fehlen. Die Bewohner haben so grosse Anhänglichkeit an Spanien, dass sie im Jahre 1843 freiwillig erklärten, sie wünschten die spanische Nationalität anzunehmen; dieselbe wurde ihnen durch Lereno gewährt. — In der Nähe von Corisco und der Mündung der beiden bedeutenden Ströme liegen die kleinen Inseln Elobey, die grosse und kleine Elobey genannt; auf letzterer, welche eine jährliche Hafenbewegung von 15 bis 16 englischen und amerikanischen Schiffen hat, sind zwei Factoreien vorhanden, eine englische und eine portugiesische.

Corisco wird in patriarchalischer Weise regiert, indem Mungo, der einflussreichste Häuptling, der spanische stellvertretende Gouverneur ist; er ist berechtigt, 10 Pesos Tonnengeld von allen Schiffen zu erheben, welche an Corisco und Elobey anlegen.

Die Bewohner von Corisco, zu den Beugas gehörig, sind in guten Ortschaften vereinigt, welche bequeme Pfade unter einander verbinden. Man findet hier ein wenig Cultur und Schulen für 30 oder 40 Kinder; einige Jesuiten-Missionare sind die einzigen Europäer der Insel. Es sind etwa 1000 Seelen vorhanden; die Bevölkerung von Gross-Elobey ist unbekannt und auf Klein-Elobey befinden sich nur die Factoreien mit den im Dienste derselben stehenden Negern. Das Wasser ist auf der Insel sehr spärlich und schlecht.

Auf dem Mundah-Flusse, dessen Mündung wie gesagt vollständig durch Klein-Elobey beherrscht wird, findet ein mässig lebhafter Handel statt mit Färbeholz, Elfenbein, vorzüglichem Ebenholze etc., ehemals mit Negern, die von der Küste des Festlandes hierhergeschafft wurden. Das ganze Delta des Flusses wird von Stämmen bewohnt, die in ihren Eigenschaften, Sprachen und Gebräuchen verschieden sind und sich von den Bolus unterscheiden, welche zwar die industriösesten von allen, aber auch die verschmitztesten und räuberischsten sind. Das Klima soll, in Folge der häufigeren und stärkeren Brisen, angenehmer sein, als das von Fernando Póo.

---

[1]) Moros nennt sie das fruchtbarste Land, das er auf seinen Reisen je gesehen.

Das Cap San Juan.

Als der Gouverneur Carlos Chacon sich auf Klein-Elobey befand, stellte sich ihm der König Boncoro vor, der Häuptling von vier am Cap San Juan gelegenen Ortschaften und Sohn des ehemaligen Königs von Corisco; er erbat sich im Vereine mit einigen anderen, welche gewissermassen Theile seiner Herrschaft inne haben, eine Flagge, um dieselbe aufzupflanzen, und die Erlaubniss, dass einer seiner Brüder nach Spanien gehe, um dort der Königin ihre Ergebenheit zu beweisen. Nachdem der Bericht eingegangen, dass alle diese Leute oder der grösste Theil derselben von Corisco stammen, von wo sie ausgewandert sind, um sich da anzusiedeln, wo sie sich nun befanden, sowie, dass dies Territorium keiner anderen Nation angehöre, segelte die Cartagenera dorthin, um von dem Lande Besitz zu nehmen. Den Bewohnern wurde die spanische Nationalität verliehen und Boncoro zum stellvertretenden Gouverneur mit der Abhängigkeit von Corisco ernannt.

Prinzen-Insel.

Die Prinzen-Insel ist 9 Millas breit von N. nach S. und 6¹/₂ von O. nach W. Die Bank, welche dieselbe umgibt, erstreckt sich bis auf 9 Millas von der Küste. Dem Anblicke nach ähnelt die Insel ganz der von Fernando Póo; aber sie ist merkwürdiger noch durch die hohen nadelförmigen Spitzberge, welche sich über die Berge des Inneren erheben. Der Boden ist äusserst fruchtbar. Er producirt Kaffe und Cacao, fast nur zur Ausfuhr, so dass nur eine kleine Menge im Lande consumirt wird. Das Klima ist dasselbe, wie auf dem Festlande, warm und feucht, nur in geringerem Grade. Man unterscheidet zwei Jahreszeiten, eine trockene und eine feuchte; die erstere herrscht im Juli und August, die letztere während der starken SW.-Brisen. Fast die gesammte Bevölkerung der Insel wohnt in der Stadt San Antonio, der einzigen, welche eine Stadt genannt zu werden verdient. Die Zahl der Einwohner beträgt nach der officiellen Zählung von 1844 etwa 4500, die der Häuser 624; von ersteren sind etwa 138 Weisse, die übrigen freie Neger, Mulatten und Sklaven. Die Garnison besteht aus farbigen Leuten. Hier wohnt die Elite der portugiesischen Bevölkerung, darunter reiche Leute, welche ein üppiges Leben führen und berühmt sind wegen ihrer Gastlichkeit und Güte gegen Fremde. Die Häuser der Stadt sind weit besser, als die auf St. Thomas. Viele der Bewohner besitzen hochcultivirte Kaffe-Plantagen, und der hier gewonnene Kaffe und Cacao gilt als vorzüglich. Aber die Insel seufzt unter schweren Eingangszöllen, und nicht ein Artikel kann ohne Steuer ausgeführt werden. Der Gouverneur ist ein portugiesischer Offizier im Range eines Majors. Es fehlt nicht an frischen Lebensmitteln, und dieselben haben einen ziemlich hohen Preis. Die Franzosen versehen damit contractlich ihre Dampfer, zu welchem Zwecke monatlich einer die Insel besucht.

Insel Sanct Thomas.

Diese Insel ist seit der Entdeckung Brasiliens in stetem Verfalle begriffen, da beständig Auswanderung stattgefunden hat. Sie hat 25 Millas Breite von N. nach S. und 18 an der breitesten Stelle von O. nach W. Sie liegt 80 Millas nach S. 35° W. von der Prinzen-Insel. Ihr Boden gehört zu den fruchtbarsten in diesen Regionen; indess fehlt es an Armen zur Bearbeitung desselben. Die wichtigsten Ausfuhr-Artikel sind Kaffe und Cacao; der Handel mit ersterem wird eine bedeutende Entwicklung erlangen. Die frischen Nahrungsmittel sind nicht in Menge vorhanden, wie auf der Prinzen-Insel.

São Tomé ist in acht Distrikte oder Parochien getheilt, im Jahre 1848 mit 8200 Bewohnern[1]) in 1432 Häusern; unter den ersteren sind etwa 50 weisse Europäer; der Rest sind freie Neger und Sklaven. Man sagt, dass die Bedingungen für die Gesundheit nicht ungünstig seien; indess ist sicher, dass die europäische Bevölkerung dieser Insel viel von den endemischen Fiebern leidet; kein Einziger bleibt davon verschont. Die portugiesische Garnison ist ziemlich bedeutend. São Tomé ist mit jeder Art von Waaren recht gut versehen.

Beide portugiesische Inseln sind ehedem gut colonisirt gewesen, und man hatte Alles aufgewendet, um São Tomé zu dem Garten Afrika's zu machen. Der Anbau des Zuckerrohres war so gelungen, dass in manchem Jahre 15 schwer beladene Schiffe mit Zucker abgingen. Ueberall gab es Strassen und Brücken, und ein Dutzend kostbarer Kirchen war aufgeführt; noch findet man hie und da verstümmelte Statuen. Im Interesse Brasiliens aber wurde die Cultur des Zuckerrohrs verboten, und der Reichthum der Insel ging unter. Nach der Lostrennung Brasiliens von Portugal haben sich die Bewohner auf die Kaffeecultur gelegt, und Kaffe ist jetzt fast der einzige Artikel, welcher ausgeführt wird.

Die Haupt- und Seestadt St. Anna de Chaves hat mehrere Tausend Einwohner, ist aber ganz heruntergekommen. (Wilson).

Derselbe Verfasser, Navarro, gibt auch Bericht über die Oertlichkeiten an der Westküste des Festlandes Afrika, welche manche nicht zu übersehende Notiz enthalten und welche ich deshalb ebenfalls hier anschliessen will.

Etwa 100 Millas nördlich von der Mündung des Senegal liegt der Ort Portandik, wo die Engländer einigen Handel treiben, an einer schlimmen und steinigen Küste, die wegen der schrecklichen Resaka oder des Surf geradezu unzugänglich ist. Der Handel ist jedoch von geringer Wichtigkeit und nur auf den mit arabischem Gummi beschränkt, der fast der ausschliessliche am Senegal ist. In dem im Jahre 1783 mit Frankreich geschlossenen Vertrage (betreffs der Westküste Afrikas) ist festgesetzt, dass der englische Handel mit Gummi sich ausschliesslich auf Portandik beschränken soll.

Saint Louis, die Hauptstadt des Senegal liegt etwa 22 Millas von der Mündung des Flusses entfernt. Diese Residenz des französischen Senegal-Gouverneurs heisst bei den Eingeborenen Dorons N'dar, d. h. Haupt von N'dar, was der Name der Insel ist, auf welcher St. Louis liegt. Die Bevölkerung zählt 10.000 Seelen, darunter 250 Franzosen, 800 französische Soldaten und 200 Neger-Soldaten; die übrigen sind Neger und Mulatten. Es ist der wichtigste Ort der Franzosen an der afrikanischen Küste. Die Haupt-Ausfuhr-Artikel sind arabisches Gummi und Häute, zuweilen aus dem Inneren herangebrachtes Elfenbein und Goldstaub. — Auf der linken Seite des Flusses liegt die Stadt Güet N'Dar, neben welcher die grosse Wüste beginnt. Die gegenüberstehende Seite heisst das Land Cayor, das ein ebensogenannter Negerstamm bewohnt, dessen König Domuzel 20.000 Reiter im Kriege ins Feld stellt. Der Senegal heisst in der Sprache des Cayor-Stammes Tallibali. Der Cayor-Stamm gehört zur Yaloff-Rasse; man

---

[1]) Wilson 1856 gibt 12 bis 14.000 an, wovon etwa 1000 Weisse und Mischlinge, 2000 freie Schwarze, die übrigen Sklaven.

meint, dass diese Neger die tapfersten Krieger und die kräftigsten nach ihrer physischen Constitution unter allen Stämmen des ganzen Küstenlandes seien. Vom Senegal bis Gorea sind etwa 80 Millas. Die Insel G o r e a, welche 1809 bis 1816 britisch gewesen, ist im Jahre 1816 beim Vertrage vom Paris den Franzosen abgetreten worden. Sie hat etwa 7000 Bewohner, und ihre Neger gehören ebenfalls zur Yaloff-Rasse. Die Stadt steht auf einem unfruchtbaren Basalt- und Sandsteinfelsen; sie hat keine andere Vegetation aufzuweisen, als eine vereinzelte Palme und einige Oleander auf dem Marktplatze. Von dem SW-Ende dieses Felsens von 400 Klafter Länge und 170 Breite erstreckt sich eine schöne Festung hin, die französische militärische Hauptniederlassung des westlichen Afrika; innerhalb ihrer starken Mauern steht ein vortreffliches Denkmal des Thomas Renault de Germain, des ehemaligen Gouverneurs vom Senegal. Eine hohe Stelle beschützt den Eingang; und von den Bastionen aus bietet der Ort einen höchst merkwürdigen Anblick; man sieht nichts, als eine fortlaufende Reihe mit Gips belegter Dächer, unter welche sich das Wasser mischt, und welche die ganze Ausdehnung der Insel umfassen. Andererseits sieht man im Orte Scenen, wie sie in Afrika so gewöhnlich sind; Knaben schleppen sich durch den Sand und klettern wie Affen an den Mauern hinauf; Schweine laufen durch die Strassen neben den in ihren Kaftans gekleideten Männern; Weiber an den Brunnen, mit nacktem Oberkörper, zuweilen herrliche Formen zeigend, mit ihren Krügen und Kindern auf der Schulter, unzertrennlich von ihren gris gris oder Halsschnüren kleiner Münzen, auf welche sie grossen Werth legen. Es ist eine kleine, hübsche Kapelle vorhanden und ein Hospital, an welchem die barmherzigen Schwestern des heil. Joseph thätig sind. Dem besonderen Gouverneur des Ortes, einem Fregatten-Capitän der französischen Marine, sind alle Dampfschiffs-Beamten untergeben. — Ich muss hier auch der französischen katholischen Mission erwähnen, welche diese Stämme bekehrt, und an deren Spitze der Bischof Kobbé steht. Die Mission hat ihren Sitz in Dacar, einem auf dem Festlande gelegenen Orte, etwa ³/₄ Legua vom letzten Ende Goreas entfernt, mit 3000 Bewohnern; die Leistungen derselben sind bewundernswürdig, namentlich ihre Ausdauer, welche den Fiebern trotzt.

Zwischen Gorea und dem Gambia-Flusse, an dessen Mündung die Hauptstadt der englischen Niederlassung, Bathurst, liegt, gibt es an der Küste keinen nennenswerthen Punkt; die Stadt nimmt man erst wahr, wenn man ihr ganz nahe ist, und der Anblick derselben ist weder angenehm, noch malerisch. Es ist eine vollkommene Ebene, mit vereinzelten Bäumen besetzt, welche Wasser umgibt, so dass man in Zweifel ist, ob es das Meer selbst ist oder ein unergründlicher Abgrund hinter der Insel Santa Maria, auf welcher die Stadt Bathurst steht. Auf der ganzen Strecke gewahrt man nicht die geringste Unebenheit des Terrains. — Diese Gegend ist reich an wilden Thieren aller Art, an Löwen, Elephanten, Crocodilen, Hippopotamus, Hundsaffen etc. und ist im höchsten Grade ungesund. Dem Dr. Lawson starben von 96 europäischen Soldaten, welche er in das Hospital aufgenommen, 92. Der Grund dieser Ungesundheit ist nicht allein in den Miasmen zu suchen, sondern auch in dem Temperaturwechsel; denn die Temperatur in der Stadt, die am Flusse und die ausserhalb der Barre sind sehr von einander verschieden; die erstere und letztere pflegt an Einem Tage um 10 bis 20° verschieden zu sein. — Am Gambia liegt eine andere englische Niederlassung, genannt Insel Mac-Carthy, 180 Millas von der Mündung. Die Haupt-Ausfuhr-Artikel dieses Stromes sind

Erdnüsse, Elfenbein, Bienenwachs und Häute, erstere für die Franzosen, letztere für die Amerikaner. — Bathursts Bevölkerung zählt 7000 Seelen. Die Yalus und die Mandingos sind die Haupt-Negerstämme des Landes.

Zwischen Bathurst und Sierra Leona, das jetzt die wichtigste englische Colonie an der Westküste Afrikas ist, münden die Flüsse Casamanza, Cacheo, Jeba, Rio Grande, Bolola, Rio Nuñez oder Kakundi, Campance, Rio Fongo, Dembia und Debueka, mit den Byóoga-Inseln und den Los- oder Idolos-Inseln. Dann bei den Inseln Matagong, Malineah, Mordinale, und den Flüssen Mellacorée, Jama und Gross Scaroy befährt man die Küste von Bullon, und es zeigt sich die Hauptstadt Freetown.

Sierra Leona wurde nach Oldfield von den ersten Bewohnern Romarong genannt und von den ersten portugiesischen Entdeckern Sierra Leona, weil sie vermutheten, dass die Berge reich an Löwen seien; Hardouin aber leitet den Namen von dem Getöse her, das die Brandung an der Küste verursacht und das dem Brüllen der Löwen ähnlich sein sollte. Die Bucht von Sierra Leona hiess bei den Alten Sagrin oder Metomba.

Man pflegt diese Colonie den Kirchhof der Weissen zu nennen, und findet eine Bestätigung in dem Umstande, dass dieselbe stets zwei Gouverneure hat, der eine sterbend auf dem Heimwege nach England, der andere gleichfalls auf dem Wege, um den ersteren zu ersetzen. 1834 starben binnen zehn Monaten sogar drei Gouverneure. Der Anblick, welchen der Ort bei der Annäherung bietet, scheint alles das auslöschen zu wollen, was man über seine Ungesundheit gelesen und gehört hat. Die majestätischen Berge, bedeckt mit der üppigsten Vegetation, welche sich denken lässt, erscheinen in einer Färbung, welche die menschliche Kunst niemals auf der Leinwand wird nachahmen können. Dort ragt die Königin dieser Wälder, die hohe Palme hervor, ein Bild der grössten Fülle, und den Gegensatz bilden die in den lebhaftesten Farben schillernden Wiesenblumen. Nichts gleicht dem schönen Panorama, welches sich dem Blicke darbietet, wenn man, den hohen Leuchtthurm im Auge, in den Einfahrts-Kanal hineinsteuert; und dennoch ist gerade dieser Reichthum der Vegetation der Grund zu der sprichwörtlichen Ungesundheit des Ortes. Diese ist der Art, dass wir nicht einen einzigen Europäer unter all' den dort wohnenden gesehen haben, mit denen wir Gelegenheit hatten zu verkehren, der nicht den unauslöschlichen Stempel der endemischen Leiden des Landes an sich getragen hätte, trotz des Chinins, welches sie fast täglich nehmen, die einen, um ihre Wiederherstellung zu befördern, die anderen als Präservativ gegen die Fieber.

Vom Leuchtthurm an bis zum Hause der Wesleyanischen Mission, zwischen Queentown und der Küste bis zu den zahlreichen, in der Bai ankernden Kriegs- und Handelsschiffen, bis zum Collegio der Fura-Bai, bis zur Kathedrale, dem Gouverneurs-Gebäude, dem Hospitale, bis zu den schon genannten Bergen nimmt unsere Bewunderung kein Ende. Ein Aufstieg von 40 oder 50 Granitstufen führt uns von einem guten Hafendamm am Strande zu der Plateform hinauf, auf welcher die Stadt liegt. Die Strassen Freetowns sind mit mathematischer Genauigkeit abgesteckt; in der Mitte haben sie eine Bahn für Fuhrwerke, und die Fusswege längs der Häuser sind mit Seegras belegt. Rechts von der erwähnten Treppe gelangt man in ein unbeschreibliches Gewirr schreiender Neger, welche ihre Waaren in den zahlreichen Buden dieses Stadttheiles kaufen und verkaufen. Verlässt man diese Strasse, so findet man eine Menge vereinzelter Häuser, alle in englischer Weise gebaut, mit Gärten voller Fruchtbäume, wie Orangen, Guayaven, Citronen, Mangos, kurz aller Arten tropischer Früchte. Das

Collegio von Fura, ein protestantisches Institut, ist ein kleines Elysium, wo man die Weintraube und eine Menge europäischer Früchte und Blumen unter die tropischen gemischt findet.

Auf dem Marktplatze und an anderen Stellen der Stadt trifft man athletische Männer der Mandingo-Rasse, welche Mohammedaner sind, und welche sich von den übrigen durch das lange Kleid unterscheiden, das sie nachschleppen, und einige von ihnen durch ihren weissen oder rothen Turban. Um den Hals hängen sie als Präservativ oder Talisman ein Stück Leder, worauf irgend ein Spruch des Koràn geschrieben ist. Einen ähnlichen Gebrauch findet man an der ganzen Küste sowohl bei den heidnischen, als bei den mohammedanischen Stämmen, nur mit dem Unterschiede, dass die ersteren als Schutz Tigerzähne und giftige Nüsse tragen, während die letzteren ihren Glauben auf die Koransprüche setzen. Die Mandingos verkaufen auf dem Markte vollkommen verzierte Pferdegebisse und Zäume, Reitpeitschen, geschnitzte Kalabassen, Körbe, Bogen und Pfeile etc., alles mit grosser Geschicklichkeit von ihnen selbst angefertigt. Jeder in Sierra Leona etablirte Kaufmann ist genöthigt, dort einen Dolmetscher dieses Volkes zu besolden, weil er der Unterstützung derselben im Handel bedarf, der mit den Stämmen des Inneren in Golde getrieben wird, das in starken Ringen von verschiedener Grösse in die Stadt gelangt.

Das Geschrei der Weiber auf den Strassen, welche vom frühen Morgen an Fu-fu verkaufen, d. i. eine aus pulverisirter Yams bereitete Masse, oder Agiddy, d. i. eine Art von Kleister aus Maismehl, erinnert an den Strassenlärm der grossen Städte Europas. Wie in ganz Afrika, so ist auch hier das Weib vom zartesten Alter an an jede Art schwerer Arbeit gewöhnt. Nichts gibt eine bessere Vorstellung davon, wie geeignet diese Weiber für die Ertragung von Beschwerden sind, als wenn man sieht, wie sie auf dem Kopfe einen Korb mit mehr als hundert Pfund schwerer Last und dazu noch ein Kind auf der Schulter tragen, und zwar 14 oder 15 Millas weit, ohne scheinbar im Geringsten ermüdet zu werden.

Die Colonie Sierra Leona erstreckt sich 90 Millas weit von W. nach O. und 34 von N. nach S. Ihre von den Europäern unabhängigen Bewohner gehören zu den Stämmen der Aku, Mandingos, Timanis, Susu, Yoruba und Kru, welche alle an den Privilegien der Regierung Theil haben. Freetown hat 30.000 Einwohner und bedeckt einen Flächenraum von 6 Millas; es liegt am Fusse eines Berges, durch dessen Zurücktreten der Hafen gebildet wird, und in diesen mündet der aus der Vereinigung des Waterloo, Roquelle und Port Loco gebildete Fluss etwa 9 Millas von der Stadt. Die gesammte Bevölkerung der Colonie beläuft sich auf 50.000 Neger und 150 Europäer.

Die administrative Gewalt hat eine Militärperson im Range eines Hauptmannes oder Majors, welcher General-Gouverneur ist, mit Unterstützung eines gesetzgebenden Rathes von dreien, nämlich dem General-Anwalt, dem Secretär und einem Magistratsbeamten, nebst fünf anderen, wie es in der Verfassung von 1822 festgesetzt ist. Der Rath genehmigt die Gelder und erlässt die Colonialgesetze, während die Executivgewalt ausschliesslich dem Gouverneur zukommt.

Die Colonie liefert reichlich Tihkholz, Palmöl, Kaffee und Copalharz. Ferner cultivirt man mit gutem Erfolge Cayenne-Pfeffer, Arrowroot und Ingwer. Aus dem Innern kommen Elephantenzähne und Gold. Da das Tihkholz nicht schwimmt, so kommt es die Flüsse herab auf Korkflössen, welche von Kanoes bugsirt werden.

Weiter an der Küste hin folgen auf die von Sierra Leona die Inseln Banana und

Sherboro, dann das Cap Monte und die 1822 gegründete Colonie Liberia. Die Hauptstadt Monrovia liegt am Messurado-Flusse; das Gebiet derselben rechnet man vom Cap Mount bis zum Cap Palmas, etwa 300 Millas. — Die ganze Küste auf viele Meilen östlich von Monrovia erscheint wie ein endloses Akazien- und Mangle-Gebüsch; eine unendliche Linie des sandigen Strandes mit ganz kleinen Ortschaften oder Sklavenbarraken deutet auf das Vorhandensein von Menschen. Dann folgt die Kru-Küste mit ihrer kräftigen Arbeiter-Bevölkerung, die dem europäischen Handel in Afrika so wesentliche Unterstützung gewährt. In Gran Sestros und in der Cap Palmas-Stadt befinden sich die Hauptcolonien der Krumans, aus denen sich die Kriegs- und Handelsschiffe versorgen, und ohne deren Hülfe es, wie gesagt, unmöglich sein würde, irgend welchen Handel mit Afrika zu treiben. Der Ort Gran Sestros ist der einzige bekannte an dieser Küste, und sein Aussehen ist durchaus ein primitives. Unmittelbar am Ausschiffungsplatze liegt ein Haufen von Felsen, welcher zu einem stufenförmigen Strande führt, an den in der Regenzeit eine furchtbare Brandung schlägt. Die Häuser sind aus Rohr und Bambusblättern gefertigt, welche, in einander verschlungen, die Wände bilden, ohne Lehm oder Mörtel; auch die Dächer bestehen aus Bambusblättern, und in vielen Fällen erscheinen sie wie enorme Bienenstöcke. Mit Ausnahme von Reiss sieht man wenig Cultur auf den Feldern. Das Haus des Königs unterscheidet sich von den übrigen dadurch, dass es grösser und viereckig ist. Fishtown, Rocktown und Caralhy schliessen sich an einander und liegen etwas östlich von Cap Palmas; in diesen Orten findet man die besten Krumans. Das Cap hat einen Leuchtthurm; zwischen diesem und der Stadt stehen einige Häuser amerikanischer Missionäre, auf welchen sie ihre Flagge aufhissen.

Sobald sich an dieser Küste ein Schiff zeigt und Leute verlangt, so fährt eine Menge von Krumans auf ihren Kanoes hinaus; in jedem derselben hocken drei oder vier Neger, welche mächtig rudern, um schnell an Bord zu gelangen und ihre Dienste anzubieten. Jeder ist mit Certificaten versehen, welche seine gute Führung und seine Befähigung zur Arbeit bescheinigen und welche sie book nennen (so heisst in Afrika jede Art von Geschriebenem), und mündlich fügen sie ihr ganzes eigenes Lob hinzu und meinen, damit sicherer die Schliessung eines Contractes zu erreichen.

Was die physische Begabung dieser Neger angeht, so scheinen sie alle übrigen Stämme der Westküste Afrikas zu überragen und die einzigen zu sein, welche jede Art physischer Arbeit mit Resignation ertragen. Es besteht bei ihnen eine Lehrzeit, welcher sich eine bestimmte Zahl von Knaben für eine von einem Vorgesetzten vorgeschriebene Zeitdauer widmet; dieser Vorgesetzte hat schon einige Fahrten längs der Küste oder zu den Flüssen gemacht, von wo das Palmöl ausgeführt wird, ehe er genügendes Ansehen erlangt, um für sich sein Haus und seinen Handel einzurichten. Er ist verpflichtet, die Knaben nach den genannten Flüssen zu befördern, und er führt das durch seine Bekanntschaft mit den Capitänen leicht aus, sowie durch die Leichtigkeit, mit welcher er jenen seltsamen Jargon des Anglo-Afrikanischen spricht. Dafür erwirbt er das Anrecht, auf die Vorausbezahlung des einmonatlichen Soldes für den verdungenen Schiffsjungen und auf einen Theil desselben bei seinem Austritte. Hat einer von ihnen schon drei oder vier Fahrten mitgemacht und den halb englischen, halb afrikanischen Jargon sprechen gelernt, so erreicht er mit demselben Einflusse, wie die anderen Vorgesetzten, denselben Rang; er kauft sich Frauen aus den Familien der benachbarten Stämme, welche für ihn in seinen späteren Jahren arbeiten müssen, und ein Kruman sieht sich für unabhängig an, wenn er aufhört, sich für die Arbeit zu verdingen und sich 20 bis 30 Frauen hält. Bei seinem Tode werden die Frauen Eigenthum des Sohnes, wie das übrige Mobiliar, so dass viele ihre eigene Mutter zur Frau haben.

Trotz dieses niedrigen socialen Standpunktes zeigt der Charakter dieser Leute einen edlen Zug, der sie vor allen übrigen auszeichnet, nämlich den, dass sie keinen unter sich zum Sklaven machen; und einen anderen, welchen Wilson anführt, in Betreff ihrer Liebe zur Mutter. Der Name der Mutter, sie mag noch am Leben oder todt sein, ist stets auf ihren Lippen und tief in ihr Herz gegraben. Sie ist das erste Wesen, an welches der Kruman denkt, wenn er vom Schlafe erwacht, und seine letzte Erinnerung, wenn er sich zur Ruhe legt. Ihr'allein vertraut er die Geheimnisse, welche er sonst keinem Wesen auf der Welt mittheilen würde. Sie ist ferner die einzige, welche er in der Krankheit pflegt. Wenn er selbst leidet, so duldet er keine andere Pflege, als die seiner geliebten Mutter, die ihm die Speisen bereitet, die Medizin überwacht, ihn in seinen Abwaschungen unterstützt und ihm sein Bett macht. Er flüchtet in ihren Schooss, wenn ihm die Stunde des Missgeschickes und der Trauer naht, weil er sicher weiss, dass, wenn auch die ganze Welt gegen ihn wäre, er bei ihr stets Liebe und Schutz finden würde.

Aber zugleich sind sie von thörichtem Aberglauben besessen; sie glauben an ihre Jujus oder Schutzgeister und an böse Geister, wie alle noch in Barbarei befangenen Stämme; aber man findet bei ihnen doch nicht jene schrecklichen und blutigen Gebräuche, welche bei den Stämmen an der Biafra-Bucht so gewöhnlich sind. Die verschiedenen Stämme sprechen verschiedene Dialekte; fast alle 10 Millas an der Küste findet sich eine andere Sprache, die aber den Eingeborenen meist verständlich ist.

Wenn die Krumans in ihren Kanoes rudern, stimmen sie einen Gesang an, gleichsam Frage und Antwort, und zum Schlusse des Verses vereinigen sie sich im Chore. Vielleicht sind dies improvisirte Gesänge, worauf ihre Länge hindeutet, vielleicht aber auch Nationallieder.

Eine andere ihrer Eigenthümlichkeiten ist ihr Widerstreben, sich auf unbegrenzte Zeit aus ihrem Vaterlande fort zu begeben; die Liebe zum Lande und zur Familie wurzelt eben so tief oder noch tiefer in ihrem Herzen, als in vielen civilisirten Ländern. Einen Schwur leisten sie, indem sie einige Körner Salz verschlucken, welche sie auf den Deckel einer Bibel gelegt haben.

Vom Kap Palmas an beginnt die Körnerküste, und dann folgt vom Cap Lahou bis zum Cap San Pablo die Goldküste. Der Ort Axûn liegt mit seinem alten holländischen Fort an der danach genannten Bai, bevor man an das Cap Tres Puntas kommt, wo die beiden Forts Antonio und Brandenburg stehen; an der Punta Aguidah liegen die Ruinen eines anderen holländischen Forts bei einem kleinen Negerdorfe, das denselben Namen führt wie die Punta. Im Osten des Cap Tres Puntas folgt Fort und Dorf Dix-Cove, eine der englischen Niederlassungen an der Goldküste. Noch etwas weiter kommt man an die Dörfer Pompondee und Secondee, dann an Shura, und zuletzt gewahrt man die weissen Mauern des Castillo de San Jorge de Elmina, des ältesten aller Forts, welches die Portugiesen zu Ende des 15. Jahrh. erbauten, das ihnen aber 1637 von den Holländern entrissen wurde, denen es bis jetzt gehört hat. Es ist eins der schönsten und stärksten an der ganzen Küste. England hat es Ende 1870 übernommen. Diesen ganzen Theil der Goldküste nehmen abwechselnde englische und holländische Forts ein. Wilson kennt deren 25 auf einer Küstenstrecke von etwa 40 g. M.; 3 sind von den Dänen, 2 von Brandenburg, die übrigen von den Holländern und Engländern erbaut, und zwar alle im 17. Jahrh., ausgenommen Dix-Cove, Anamabo und Akra. Elf werden nur noch erhalten, 4 holländische und 7 englische, und haben Garnisonen von Schwarzen, welche unter europäischen Offizieren stehen. Die holländischen, ausser Elmina, sind wenig werth und kaum noch etwas anderes, als Handelsfaktoreien; die englischen sind besser im Stande. Elf Millas von San Jorge de Elmina liegt das starke Castell Cape Coast, die Residenz des General-Gouverneurs und der Mittelpunkt des Handels an dieser Küste. Es gehörte ursprünglich den Dänen, welche es den Holländern verkauften, und diesen nahm es Admiral Honus im 17. Jahrhundert ab. Die Royal African Compagny hat es erweitert und verstärkt. Es hat vier Stockwerke, ist von mehr als 20 Fuss hohen Mauern umgeben und zählt über 100 Kanonen. Das Terrain des Ortes Cape Coast, dessen einheimischer Name Inguah hauptsächlich das Castell begreift, das mit seinen Strebepfeilern und Bastionen einen angenehmen Contrast gegen die röthlichen Dächer der Häuser der Eingeborenen abgibt, nimmt eine grosse Strecke des Strandes (mehrere Acres) ein, und eine Felsreihe schützt dasselbe gegen das Meer, das hier stets wüthend brandet. Nach Osten hin gewahrt man nur Sand und kümmerliche Vegetation, nach Westen hin das holländische Fort Elmina. Da man mit gewöhnlichen Böten nicht die heftige Brandung überschreiten kann, so ist es üblich, sich zum Landen der Kanoes der Eingeborenen zu bedienen.

Das Castell ist ein unregelmässiges Gebäude von grosser Ausdehnung und Stärke, umgeben von Mauern, welche an der Basis fünf Fuss dick sind; offenbar soll es Schutz gegen die Meeresseite geben, und da ist es gerade am wenigsten nothwendig. Der Hauptausfuhr-Artikel ist Gold, und man schätzt die Ausfuhr auf 70- bis 80.000 Peso-Pfund jährlich. — Man kennt auf dem Territorium von Inguah keinen Ackerbau. Die Hauptnahrung der Eingeborenen besteht in Fu-fu, das aus Bananenmehl gemacht ist. Aus Hirse macht man eine andere Art von Fu-fu, das sogenannte Kus-kus. Im ganzen Lande und in dem benachbarten Wosa gibt es eine grosse Menge von Elemi-Gummi, das die Bäume nach dem Ende der Regenzeit ausschwitzen.

Eigenthümlich ist die Art des Schwures bei diesen Eingeborenen. Der englische Gouverneur Mac Carthy wurde an einem Mittwoch in einer Schlacht gegen die Aschanti's (am 21. Januar 1824) getödtet, so dass sie bei diesem Tage schwören, und sie nennen denselben den Schwur oder das Gesetz Mac-Carthy's. Wer unter dieser feierlichen Form falsch schwört, hat eine Geldstrafe von zwei Unzen Goldes zu zahlen. Die Unze Goldes gilt 4 Pfd. Sterl. und wird in 16 Ackies getheilt, deren jeder einem spanischen Peso duro gleich ist. Die Aschanti verloren in demselben Kriege die Schlacht von Cormanti; wer daher von den Bewohnern jenes Landes falsch schwört beim Andenken an eine so wichtige Begebenheit, darf sicher sein, um's Leben zu kommen.

Die Trauer und der Jammer der Cap Coast-Neger äussert sich darin, dass sie das Haupt scheeren und sich mit Kalkwasser waschen.

Die Dissenterie herrscht hier mehr als das Fieber, sowie die abscheuliche Krankheit des Draminculus oder Guineawurmes, die bei Europäern und Negern gleich gewöhnlich ist. In 99 unter hundert Fällen ist der Wurm am Knie von unten eingedrungen.

Die Küste zwischen Cap Coast und Akra bietet denselben unveränderten Anblick, wie die des ganzen westlichen Afrika: eine ununterbrochene Linie blendend weissen Sandes; eine üppige Vegetation, welche gleichsam eine Wand bildet, monoton bis zum Extrem und in Gestalten und Verhältnissen überall einander gleich. In Akrà findet ein ansehnlicher Goldhandel der Engländer statt, und es ist daher recht blühend.

Zwischen dem Cap San Pablo, der Ostgrenze der Goldküste, und dem Cap Formoso, der Westgrenze der Biafrabucht, liegt die Benin-Bucht. Die Hauptstellen an derselben sind Whydah, Badagry, Lagos und der Beninfluss; alle sind englische Niederlassungen, und der Handel ist im Allgemeinen fast ausschliesslich in den Händen der Engländer. Die Beninbucht zeigt nur einen ungastlichen höchst gefährlichen Strand, an welchem wegen der furchtbaren Brandung, die jedes kleinere Fahrzeug, das sich nähert, umwirft, sehr gefährlich zu landen ist.

II. Die Comoren.

Literatur. A. Gevrey Essai sur les Comores. Pondichéry, 1870. — Revue maritime 1863. vol. VIII. p. 249. — Mayotte et dépendances. Geogr. Soc. vol. XXXIV. p. 258. — Algernon de Horsey, On the Comoro Islands. Bombay Geogr. Soc. 1863. vol. XVI. p. 88. — Revue coloniale 1844. 1847. 1858.

Die Gruppe der Comoren liegt zwischen dem 11 und 13° s. Br. und 60° 30′ und 63° 10′ ö. Lg. von Ferro, ungefähr mitten vor dem Kanal von Mosambik, und besteht aus vier Inseln: Gross-Comoro[1]), Mohéli, Andjuan und Mayotte[2]). Es sind vulkanisch erhobene Inseln, denn ihre Gesteine sind Basalte, Trachyte, Laven, Schlacken, Puzzolan, mehr oder weniger dichte Bimssteine, Sandsteine, Kalksteine und verschiedenfarbige Thone. Versteinerungen sind noch nicht nachgewiesen. Die Inseln liegen nicht in der Erhebungsachse Madagascars. Was ihr Alter betrifft, so darf man aus den tief eingeschnittenen Flussthälern, den mächtigen Alluvialschichten, den tief zerklüfteten Küstenumrissen wohl nicht auf eine lange Periode schliessen, da die während sieben Monate des Jahres herabfallenden Regenmassen, welche die Inseln auf drei Meter Höhe bedecken würden, gewaltig zerstörende Ströme erzeugen und die Meereswogen unablässig an den weichen Tuff- und Bimssteinmassen zerstörend nagen. Boden-Erhebungen müssen auch in relativ neuer Zeit statt gefunden haben; denn in den Schichten des Kraters Pamanzi bei Mayotte sieht man unterhalb der gehäuften Bimsstein-Auswürflinge, denen Bruchstücke von Korallen und vulkanische Bomben beigemengt sind, eine Schicht dichten Sandes mit neueren Muscheln, ganz wie die noch jetzt an den Küsten vor sich gehende Gesteinsbildung. Da diese unter dem Wasser entstandene Bildung über das Niveau desselben gehoben worden ist und sich zerbrochene Korallenstücke zwischen den Auswürflingen des Vulkans finden, so scheint das darauf hinzudeuten, dass der Pamanzi auf Mayotte erst während der gegenwärtigen geologischen Periode der Erde aus dem Meere sich erhoben hat.

Mehrere der Berge haben eine einfache Kegelgestalt, wie der Basaltkegel des Utschugui, ein wahrer Zuckerhut, der Pik Combani, der doppelte Spitzberg Mavegani, die viereckige Kuppe, der Pik von Andjuan etc. Man findet an ihnen basaltische Säulen; andere bestehen aus poröser basaltischer Lava, welche überhaupt auf diesen Inseln sehr

---

[1]) Arabisch: Gazizad.
[2]) Arabisch: M'Ayïta.

gewöhnlich ist. Man sieht auch aufgethürmte Massen, wie den M'Sapéré und den Muraniombé bei Mayotte, die Berge von Moheli u. s. w.; alle sind sie mit Wäldern, oder doch mit Pflanzen bedeckt, und nirgend ist der Fels kahl. Einige endlich, und namentlich der Vulkan von Gross-Comoro, sind mit einer Lavakappe oder mit Schlacken belegt. Entschiedene Krater sieht man nur am Pamanzi und auf Gross-Comoro. — Der Boden einer jeden Insel scheint mehrfache Umwälzungen erlitten zu haben; denn die alten Lavaströme sind verlegt und nach allen Richtungen geneigt; überall ist der Boden von tiefen Schluchten zerrissen, und ausser einigen recht seltenen Plateaux und den Alluvionsstrichen ist keine einzige Ebene vorhanden. Jede Insel zeigt eine Hauptkette basaltischer und trachytischer Höhen und sekundäre Hügel, welche steil vom Meere aufsteigen und nach der Mitte hin höher werden. In den letzteren findet man Sandsteinschichten, Mandelsteine, Laven, vulkanische Tuffe etc. Das Erdreich und die Absätze an den Flussmündungen sind fast immer roth. Auf Mayotte, Andjuan und Gross-Comoro läuft die Hauptkette von N. nach S.; auf den beiden ersteren theilt sie sich, indem ein Joch sich nach NW. erstreckt. Die Höhen nehmen im Allgemeinen nach N. hin zu; die höchsten Gipfel auf Mayotte haben 600 M. Höhe, die auf Adjuan 1200 M., die auf Gross-Comoro 2400 M.

Gross-Comoro hat nicht einen einzigen Wasserlauf; dagegen fliessen auf Moheli, Andjuan und Mayotte in fast jedem ihrer Thäler Bäche reinen und sehr gesunden Wassers; dieselben werden während der Regenzeit zu Strömen oder kleinen Flüssen; an ihren Mündungen haben sich 10 M. mächtige Alluvionen gebildet, die zuweilen sumpfig und sehr ungesund, aber stets äusserst furchtbar sind.

Der Sand der Küsten enthält Korallentheilchen und ist blendend weiss; hier und da besteht er aus Stückchen der vulkanischen Gesteine und ist ganz schwarz, sehr schwer, metallisch glänzend und reich an Titan-Eisen.

Jede der Inseln ist von einem Korallenriffe umgeben. An die steilen Küsten von Gross-Comoro, Moheli und Andjuan schliessen sich die Korallen unmittelbar an und bilden einen nicht breiten Gürtel; nur an einigen Stellen ziehen sie sich in der Entfernung dem Ufer parallel hin. Das viel weniger hohe Mayotte umgibt ein vollkommen regelmässiger Gürtel, den ein mehrere Meilen breiter Kanal von der Insel trennt; in ihm finden sich Felsen-Inselchen und Untiefen.

Das Jahr hat hier zwei Jahreszeiten, welche fast ohne Uebergangszeit auf einander folgen, die trockene und die Regenzeit. Die erstere beginnt im Mai und endet im Oktober, und ist dadurch charakterisirt, dass die starken Regen fehlen und die Temperatur niedrig ist. Nur in dieser Zeit sind die Comoren gesund; die Vegetation steht still, das Laub dörrt, viele Bäume verlieren die Blätter, und unter einem glühenden Himmel erscheint das Land wie eine Landschaft der gemässigten Zone im Dezember, nur ohne Schnee. In dieser Zeit ist die mittlere Temperatur 25° C. im Schatten, mit einem gewöhnlichen Maximum von 29° und einem seltenen Minimum von 18°; die nächtlichen Schwankungen betragen 4 bis 8°. Das Barometer schwankt zwischen $0^m,761$ und $0^m,770$; die mittlere Höhe ist $0^m,765$, mit einer täglichen gewöhnlichen Schwankung von $1^{mil},4$. — Vom Mai bis Sept. wehen die Winde sehr regelmässig. Morgens erhebt sich eine kleine Süd- oder SO-Brise, welche bis gegen 10 Uhr weht, dann südlich und südwestlich wird, und endlich um 1 Uhr Nachmittags zu dauerndem SW wird. Diese Brise erfrischt schnell und weht bis zum Sonnenuntergange, wo Windstille ein-

eintritt, die meist die ganze Nacht hindurch anhält. — Die Regenzeit dagegen unterscheidet sich durch grosse Wärme, häufige Calmen, stürzende Regengüsse, ungeheure Spannung der Elektricität und unaufhörliche Gewitter; sie beginnt gegen den Oktober mit dem Umsetzen des Mousson. Fast jeden Tag rollt der Donner und jeden Abend zucken Blitze am Horizonte. Das ist die ungesunde und für die Europäer gefährliche Zeit, aber auch die, in welcher die Pflanzen sich erholen, und schon wenige Tage nach dem Beginnen des Regens deckt den Boden eine dichte Vegetation von ausserordentlicher Kraft. Vom Okt. bis April fallen auf Mayotte, Andjuan und Moheli $2^m,85$ bis 3^m Regen; das Thermometer schwankt zwischen 25 und 35°; im März und Nov. sind auf Gross-Comoro und Moheli 34°, auf Andjuan 31°, auf Mayotte 38° beobachtet. 1867 zeigte ein in den Boden gestecktes Thermometer in der Sonne 57° C. Die mittlere Temperatur ist etwa 29°,5 für alle Comoren während der Regenzeit, mit nächtlichen Schwankungen von 3 bis 7°. Das Barometer schwankt zwischen $0^m,757$ und $0^m,765$; im Mittel steht es auf $0^m,761$, mit einer täglichen gewöhnlichen Schwankung von $1^{mm},5$. — Zu Anfang der Regenzeit, im Oktober, geht der Wind von S nach ONO; im November nach N, wo er während des Dez., Jan., Febr. und März bleibt; im April geht er nach SSO und S. Dazwischen fallen vollkommene Windstillen, welche mehrere Tage dauern, wie auch zahlreiche Hagelfälle, die mehr oder weniger heftig sind und gewöhnlich von W, NW oder N kommen. — Auch die Stürme oder Cyclonen treten während der Regenzeit ein, und fallen oft mit dem Einsetzen des NO-Mousson zusammen. Die eigentlichen Cyclonen, in denen der Wind durch die ganze Windrose läuft, sind weniger gewöhnlich und nicht so heftig, wie auf Réunion und an der Ostküste von Madagascar. — Die Raz de Marée sind ziemlich gewöhnlich, aber nicht heftig, und werden wohl durch entfernte Cyclonen veranlasst; die Atmosphäre bleibt dabei ruhig; indess kündigt sie das Barometer schon zuvor an, indem es 3 oder 4^{mm} fällt. Man beobachtet sie meist zu Anfange und zu Ende der Regenzeit.

Seit dem Erdbeben von 1829 glaubt man nur im Jahre 1865 leichte Stösse beobachtet zu haben; das ist um so auffallender, als der Vulkan von Gross-Comoro noch immer in Thätigkeit ist.

Der Boden der Comoren ist von wunderbarer Fruchtbarkeit, namentlich am Eingange der Thäler, wo die Alluvialschichten am mächtigsten sind; nicht ein Zoll Erdboden ist ohne Vegetation. Die Gipfel der Berge und die oberen Gehänge bedecken meist Wälder, die Seiten der niederen Höhen Gebüsche, einzelne Bäume und Waiden. Cocospalmen und Culturpflanzen nehmen einen Theil der Abhänge, die cultivirbaren Plateaux, die Thäler und die Küstenstriche ein. Heut zu Tage machen die Wälder wohl nur etwa den sechsten Theil der gesammten Fläche aus; sie enthalten eine Menge trefflicher Holzarten. Die ungeheuren weissen Stämme der Baobab, die Säulen und zierlichen Blätter der Arekapalmen, die Stämme und wunderlichen Wurzeln der Ficus-Arten, die zahllosen Schlinggewächse, darunter die Ananas, Kaffebäume, Pimentsträucher, Betel, Yams, Aloës, die ungeheuren Farrn verleihen diesen Waldlandschaften einen besonderen und äusserst malerischen Charakter. — Zwischen den nur aus einheimischen Baumarten zusammengesetzten Wäldern und den Culturstrecken dehnen sich Waiden und Reissfelder aus, wo man Baobabs, Cocospalmen, Mangobäume, Ricinus, Indigo etc. gepflanzt hat. Die Lichtungen und entwaldeten Kämme bedecken Farrn, einige Leguminosen und Gräser, deren eine Art 8 bis 10 F. hoch wird. An der Küste sind die sumpfigen

Stellen bis zur Flutgrenze mit Manglebäumen eingefasst, von denen zwei Arten vorhanden sind: eine kleine, welche nur 2 bis 3 Meter Höhe erreicht und deren Rinde ein ausgezeichnetes Mittel zum Rothfärben ist, und deren ins Wasser hängende Zweige stets mit kleinen, sehr delikaten Austern besetzt sind; und eine viel grössere, welche vorzügliches Krummholz zum Schiffbau, für Zimmerleute etc. liefert und auf welcher sich die Orseille findet. Auf der Grenze der Flusshöhe wachsen einige dornige Sträucher, rankende Pflanzen etc.

Zur Fauna gehört eine Maki-Art und ein Stinkthier, der Tanrek, die Spitzmaus, Ratten, Fledermäuse, eine giftige und 3 unschädliche Schlangen, 7 Eidechsen-Arten, Schildkröten etc. Eingeführt sind Rinder, Ziegen und Schafe.

Die ersten Bewohner dieser Inseln sollen Idumäer oder Araber gewesen sein, welche sich bald nach Salomos Zeit hier niederliessen. Später als diese kamen Schwarze aus Afrika herüber, Zendjes und Chambaras, vielleicht die Komr des arabischen Geographen Ibn'-Saïd. Wenn Massudi unter seiner Insel Kambalu eine der Comoren verstand, auf welcher er im Jahre 740 eine Mischung von Mussulmanen und von Zendjes vorfand, so würde diese Thatsache mit solcher Ansicht übereinstimmen; nach demselben Schriftsteller wurde die Insel Kambalu zur Zeit des Endes der Herrschaft der Ommijaden von den Mussulmanen erobert. — Schon frühzeitig hatten sich arabische Kaufleute an der Westseite Afrikas angesiedelt; aber nach Mohammeds Zeit wanderten ganze Stämme derselben dorthin aus und gründeten politische und militärische Niederlassungen. Der erste derselben war der der Emozeïden, nach der Schlacht von Kufa, a. 122 der Hidschra; gegen a. 295 erfolgte die Auswanderung des Stammes el Hassa, genannt der der sieben Brüder, welcher Mogadoscho und Brava gründete. Sehr bald verbreiteten sie sich längs der ganzen Ostküste und gingen bis nach Sofala, von wo sie Gold holten. Endlich, im Jahre 360, nach der Niederlassung der Buïden zu Schiras, gründete eine ansehnliche ausgewanderte Menge von Schirasiern den Staat Kilwa, der bald eine bedeutende Entwicklung annahm und seine Herrschaft über Patta, Ssansibar, Sofala, die Comoren und einen Theil von Madagascar ausdehnte. — Zwischen den Jahren 1500 und 1505 kamen die Portugiesen nach den Comoren und nahmen Besitz von Gross-Comoro, dessen seitherige Bewohner nach den drei anderen Inseln flüchteten. Bald verliessen aber die Portugiesen die Insel wieder, und nun (um 1506) kam eine ansehnliche Menge Schirasier, unter Führung des Mohammed-ben-Hafssa, und liess sich auf Gross-Comoro, Andjuan und Moheli nieder. Von ihnen stammt die noch jetzt herrschende Rasse auf den Comoren ab. Von den sieben Schiffen, in welchen sie kamen, landete eins auf Gross-Comoro, eins auf Andjuan, eins an Madagascar, eins an der Suahelikäste, eins auf Ssansibar, eins an Tonguy, eins an Gongué. — In den ersten Jahren des 16. Jahrhunderts langten auch Sakalawen aus Madagascar an; einer der ersten Trupps war der unter Diva-Mamé, einem Häuptlinge von Bueni in Madagascar, der sich auf Mayotte niederliess. Diese Einwanderungen der Sakalawen wurden während der folgenden Jahrhunderte häufig, und waren wohl eine Folge der häufigen Kriege auf Madagascar. Als Ergebniss der Eroberungskriege der Hovas auf Madagascar sind wohl vierzig Jahre lang im vorigen Jahrhundert und zu Anfange des jetzigen verwüstende Expeditionen der Sakalawen, Antakaren, Betsimitsaraken etc., die von Madagascar flüchteten, über die Comoren hereingebrochen. Nach Moheli sind selbst Hovas gekommen, unter der Führung von Ramanataka.

Da zu allen Zeiten hier der Sklavenhandel bestanden hat, so sind zahlreiche Neger von den Küsten Madagascars und Afrikas auf die Comoren übergeführt worden, die aber jetzt nicht mehr von den ursprünglich freiwillig hierher gekommenen zu unterscheiden sind; es gibt Makuas, Mutschawas, Chambaras, Kaffern etc. — Auch das arabische Element hat sich im Laufe der Zeit durch Ankömmlinge aus Patta, Ssansibar, Mascat, Yemen etc. verstärkt. Der Handel hat etwa 200 indische Banjans von Bombay und der Malabarküste hierhergezogen, und ausserdem haben sich 250 Europäer oder Creolen auf Mayotte, Andjuan und Moheli niedergelassen. Alle diese Elemente haben sich mehr oder weniger unter einander vermischt und bilden die etwa 65.000 Seelen zählende Bewohnerschaft der vier Comoren.

Im Ganzen lassen sich sonach in der sesshaften Bevölkerung vier Haupttypen unterscheiden: die Antaloten, Kaffern, Malegaschen und Araber. Die einzigen Eingeborenen sind die Antaloten, hervorgegangen aus einer Kreuzung der Semiten mit den ersten nach den Comoren gekommenen Afrikanern; man bezeichnet mit diesem Namen auch die Abkömmlinge der Malegaschen, welche sich mit den Arabern oder Afrikanern vermischt haben, so wie die Abkömmlinge der Antaloten, die sich mit den Afrikanern gekreuzt haben. Den aus solcher Vermischung hervorgegangenen Typus charakterisiren ein hoher Wuchs, gelbliche Gesichtsfarbe, krauses Haar, spärlicher Bart, hervortretende Muskeln und Adern, lebhafte Augen, etwas dicke Lippen, leicht gebogene Nase mit breiten Naslöchern, hohe aber zurücktretende Stirn. Auf Gross-Comoro und Andjuan herrscht bei den Antaloten das semitische Element vor; auf Mayotte und namentlich auf Moheli nähern sie sich mehr dem äthiopischen Typus, indem die Farbe dunkler ist, die Nase platter, die Lippen dicker. — Religion und Gebräuche der Antaloten sind die der Araber; die Nationalsprache auf den Comoren ist eine Mischung von Sawaheli- und Malegasch-Worten. Die Antaloten bilden etwa $^4/_{10}$ der Gesammt-Bevölkerung.

Mit dem Namen Kaffer bezeichnet man alle gekauften Sklaven, woher sie auch stammen mögen, und man findet darunter alle verschiedenen äthiopischen Typen. Sie sind die Sklaven der Araber, Malegaschen und Antaloten geblieben und bilden mindestens $^4/_{10}$ der Bevölkerung. Ihre Sitten sind nach der Dauer ihres Aufenthaltes auf den Inseln verschieden; schliesslich nehmen fast alle die Religion und Gebräuche der Araber an. Ihre Häuser sind höchst einfach; sie ebnen ein 4 und 2 M. messendes Viereck, setzen an die Ecken einen etwa $1^1/_2$ M. hohen Baumstamm, verbinden diese durch Balken, befestigen in der Mitte jeder kleinen Seite eine eine Stange tragende Gabel, verflechten die Wände mit Ruthen und bedecken den Raum oben mit übereinandergelegten Cocosblättern, und die Seiten mit aneinandergehefteten, senkrecht stehenden Blättern; das Licht fällt nur durch die kleine Thür hinein. Im Innern befindet sich ein Kibani, (ein viereckiges Holzgestell, mit Stricken überspannt), eine Schüssel, ein Topf, eine Matte, zwei Sadjua (grosses, rundes, irdenes Gefäss für das Wasser), ein hölzerner Stössel zum Reiss; — das ist das Mobiliar eines Negers der Comoren.

Auch die Bekleidung ist äusserst einfach; die Männer tragen entweder einen Languti (einen einige Zoll breiten Streifen, welcher zwischen den Beinen hindurchgeht und an eine um die Taille geknüpfte Schnur befestigt ist) oder ein Simbu (ein um den Körper gewickeltes Stück Zeug), blau oder weiss, 2 M. lang, 0,8 M. breit, um die Hüften gewickelt und den Körper vom Gürtel bis zu den Knien bedeckend. Die Frauen wickeln es unter den Armen, über dem Busen um, und es reicht, da es etwas breiter ist, ebenfalls bis zum Knie. Die Kinder bleiben, auf dem Rüken der Mutter, den ganzen Tag in dies Zeug gewickelt, und schreien und weinen nicht, während die Mutter den Boden hackt oder Wasser trägt oder Reiss stampft. Bei fast allen Frauen ist die Scheidewand der Nase durchbohrt, und durch die Oeffnung stecken sie eine kleine Blume oder einen metallenen Knopf, auch einen Doppelknopf aus Harz, Holz oder Silber, zuweilen von der Grösse eines Fünffranken-Stückes. Männer und Frauen tätowiren sich, namentlich erstere; die mit spitz gefeilten Vorderzähnen haben Narbenlinien auf der Stirn, am Augenwinkel und am Munde, auf der Brust, am Armgelenk etc.; andere haben Streifen, die in concentrischen Halbkreisen stehen, oder Striche auf der Stirn über der Nase.

Sie halten nicht Hochzeit und haben keinen wahrnehmbaren Cultus; höchstens verehren sie schwarze Steine, welche in die Erde gestellt werden, und welche man in der Nähe ihrer Dörfer, an entfernten Orten findet. Ihre Tänze bestehen hauptsächlich darin, dass sie sich um ein Tamtam im Kreise drehen, und zwar Stunden lang, im Rhythmus, die Elbogen am Körper, unter Schütteln und abwechselndem Springen auf jedem Fusse, mit Schellen von Rafiafrüchten um die Waden, und von einem klagenden, eintönigen Gesange begleitet. Der Schweiss rinnt den Tänzern und Musikern auf allen Gliedern; mitten im Kreise muss ein grosses Feuer brennen, wo das Orchester unablässig die straffgespannten Häute der Trommeln schlägt. Ihr Gesicht und ihr Gesang erscheint dabei so traurig, dass man sich nicht vorstellen kann, wie sie sich dabei belustigen.

Die gewöhnlichen Krankheiten der Neger sind das Mosambik-Geschwür, die Lungenschwindsucht, die Elephantiasis, die Krätze, der Aussatz und die Dyssenterie; die Pocken sind oft tödtlich und richten zu Zeiten grosse Verwüstung an. Den Sumpffiebern sind sie nicht unterworfen.

Behufs einer gerichtlichen Untersuchung wurde die Leiche eines Makua wieder ausgegraben. Der Körper war in ein genähtes Tuch gewickelt und lag in einer von O. nach W. gerichteten, etwa 1 M. tiefen Grube; an der Westseite hatte man eine Art von Grotte ausgehölt, worin sich die Leiche befand, ausgestreckt, auf der linken Seite liegend, das Gesicht nach Ost gewendet; die Oeffnung der Grotte war durch die runde Hälfte einer Pirogue geschlossen, welche ebenfalls den Körper auf derjenigen Seite bedeckte, wo Reiss, ein Stück Sadjoa und ein kleiner Topf, der wohl einmal Flüssigkeit enthalten hatte, hingestellt waren.

Die reinen Malegaschen, also von den schon genannten Stämmen und einige Hovas, mit malayischen oder chinesischen Gesichtszügen, sind sehr zahlreich auf Mayotte und Moheli, welche Inseln sie mehrere Jahre beherrscht haben, und sie haben die Sitten ihrer Heimat ziemlich bewahrt, so dass sich ihre Dörfer von denen der Kaffern und Araber unterscheiden. Indess haben jetzt die Araber die Sprematie über sie erlangt, und sie werden dieselben allmählig zu sich herüberziehen. Sie sind im Allgemeinen gross und wohlgebildet; ihre Farbe ist kupferig; ihr reiches Haar kräuselt sich, ohne ganz kraus zu sein; ihre etwas hohen Schultern erinnern an den Wuchs der alten Aegypter; die Frauen sind bisweilen sehr schön. Die Männer tragen den Simbu und die Aermeljacke, statt der letzteren zuweilen einen Plait mit Knöpfbändern; den Kopf bedecken sie mit einer mit Rafiafasern fein gestickten und reich mit Pflanzenfarben gefärbten Kappe; ihre Nationalwaffe ist die Sagaie. Die Frauen tragen eine Art von baumwollenem Ueberwurf und ein Aermelleibchen, Canezu, einige auch eine Lamba als Schärpe. Ihre Haare sind in kleine Flechten gedreht, deren jede in einem Zierat endet, mit einer grösseren und längeren Flechte, die als Zopf hinten herunter hängt. Sie schmücken sich mit

Halsbändern von Sandel, Goldkörnern, Silber oder Korallen, mit langen Silberkettchen, welche drei oder viermal um den Hals geschlungen sind, und mit goldenen oder silbernen Armbändern. Ihre aus Holz gebauten Häuser sind ziemlich hübsch. Bei der Verheiratung finden keine besonderen Gebräuche statt; man trennt sich auch wieder nach Belieben und theilt sich in die Kinder. Nur die Kinder der Häuptlinge erhalten einigen Unterricht. Uebrigens hat das Malgaschische keine Schriftzeichen. — Sie sind tüchtige Fischer und sehr geschickte Jäger. Alle Wildschweine, welche sie eingeführt hatten, sind von den Arabern ausgerottet, nur auf Mayotte gibt es deren noch viele; die Malgaschen jagen sie mit der Lanze mit Hülfe gelber, langhaariger Hunde. — Hauptsächlich treiben sie Viehzucht und Reissbau. Sie wenden zwei Arten an, den Boden urbar zu machen. Ist die erwählte Landesstrecke ein Thal, in welchem ein Bach fliesst, so sperren sie diesen ab und lassen ihn über das Land treten; darauf lassen sie diesen Sumpf von Büffelheerden durchkneten, was das Pflügen vertritt; von dem so vorbereiteten Boden lassen sie das Wasser wieder abfliessen und säen ihren Reiss in den Schlamm. Kann die Landstrecke nicht überschwemmt werden, so zünden sie das Holz und die Kräuter an, räumen die Asche fort und säen. Oft ergreift das nirgend gehemmte Feuer dabei auch die Waiden und Wälder in der Nähe und erlischt wochenlang nicht auf den Inseln. Daher die bedauerliche Entwaldung des grössten Theiles der Comoren. — Auch die Malgaschen singen, wie die Antaloten und Kaffern, stets, wenn sie gemeinsam arbeiten, und es fehlt ihnen nicht an musikalischem Gehör. Gewöhnlich singt einer die Verse in langsamerem oder schnellerem Rhythmus, und der Chor antwortet in Accorden. Ihre Gesänge sind wenig mannigfaltig, aber sie vereinigen die Worte mit grosser Leichtigkeit. Als der Verfasser eines Tages nach M'Sapéré fuhr, flogen Tauben in derselben Richtung über den Kahn fort; die Ruderer sangen eins ihrer gewöhnlichen Lieder; aber beim Anblicke der Tauben setzte einer von ihnen ein: »Ihr Tauben, die ihr so schnell fliegt, ihr werdet vor mir in M'Sapéré ankommen; sagt meiner Freundin, dass ich zu ihr komme etc.«
— Sie wissen, dass es einen Gott gibt, aber sie beten nicht zu ihm und verehren ihn nicht, haben also keine Tempel und Altäre; sie opfern Ochsen, wenn sie krank sind oder wenn ein Traum sie ängstigt. Haben sie im Schlafe ihren Vater oder ihre Mutter gesehen, so opfern sie an deren Grabe ein Stück Vieh, von welchem sie einen Theil für Gott und einen für den bösen Geist hinwerfen; bei all ihren Opfern handelt es sich stets um das Essen von Fleisch. Von ihren Zauberern lassen sie sich ebenso prellen wie die Afrikaner. Auch kennen sie nichts, was über das materielle Leben hinausgeht. Selbst die zum Christenthum übergetretenen scheinen nur äusserlich cultivirt, sind im Innern aber unverändert. Abergläubisch sind sie im höchsten Grade; ihre Furcht vor den Todten ist gross, und obwohl sie stets zum Lügen geneigt sind, so darf man doch versichert sein, dass sie die Wahrheit sagen, sobald sie ihre Eltern oder ihre verstorbenen Freunde anrufen. — Die Gräber umgeben sie mit einer oder zwei Reihen von Pfählen, die ein Viereck bilden, auch wohl mit grünen Ruthen, aus denen allmählig ein Gebüsch wird. Die Familien der Grossen feiern den Todestag im Vereine mit den Freunden am Grabe durch Ceremonien. — Schon Flacourt schildert sie vor mehr als zweihundert Jahren als die grössten Verräther, Heuchler, Schmeichler, voller Grausamkeit und Lüge, ohne Herz, wortbrüchig, die der äussersten Strenge bedürfen. — Die Malgaschen bilden etwa ein Zehntel der Gesammtbevölkerung der Comoren.

Die Araber, denen unleugbar die Suprematie zukommt, zeigen alle Grade der Entartung des semitischen Blutes, von dem reinen Abkömmlinge des Schirasiers, der den vollen Typus der Semiten trägt, bis zum Suaheli von Ssansibar, der dem Neger nahe steht. Auf Mayotte und Andjuan, wo sie häufig mit Europäern zu verkehren Gelegenheit haben, sind sie gesellig und ziemlich anständig. Freilich kann man ihnen Habgier, Stolz und geringe Sympathie für die Europäer vorwerfen; aber diese Fehler verstecken sie sehr geschickt hinter einer scheinbaren Gutmüthigkeit, Demuth und Ergebenheit, so dass [man sie sehr genau kennen muss, um ihre wahren Gedanken zu errathen. Auf Gross-Comoro und Moheli sind sie scheu und misstrauisch. Sehr wenige sprechen und schreiben das echte Arabisch, bei Weitem die meisten bedienen sich des Suaheli; dies wird in den Schulen gelehrt und ist die allgemeine Sprache der Comoren geworden. Arabisch in der Correspondenz anzuwenden, gehört noch zum guten Ton in der höheren Gesellschaft.

Die Tracht der Männer besteht in einem gewickelten Simbu, der vom Gürtel bis zum Knie reicht; einem langen weissen und gelben Aermelrock mit Knöpfen auf der Brust und bis zum Knöchel hinabgehend; aus einem Turban, einem Paar flachen Sandalen und einem Rosenkranze. Die meisten tragen noch eine gestickte Weste ohne Aermel, schwarz, roth oder grün, die reicheren auch über dem Rock noch einen weiten Ueberwurf mit Aermeln aus schwarzem oder rothem Zeuge mit Schnüren aus Seide und Gold. Der breite Gürtel ist nicht allgemein; man legt ihn nur Feiertags um und steckt dann die Luxuswaffe der Araber hinein, den Handschar, einen krummen Dolch; diese Waffe hat oft einen Griff von Rhinozeros, ausgelegt mit Gold, von schöner Arbeit und grossem Werthe. Beim Ausgehen tragen sie gewöhnlich unter dem Arme einen langen und geraden Säbel, ohne Spitze, zweischneidig, das Heft mit silbernem Filigran verziert und in einer Kugel endend, mit hölzerner Scheide, die mit Zeug oder Leder überzogen ist; oder auch einen langen Degen mit bearbeitetem Eisengriff; zuweilen haben sie krumme Säbel mit Damaszenerklingen, mit hörnernem Griffe und silbernem Stichblatt. Feuerwaffen sind selten und man trägt sie gewöhnlich nicht bei sich. — Die Frauen bekleiden sich mit einem breiten Zeugstücke, das unter den Armen und über dem Busen gerollt ist und bis zu den Knöcheln hinabreicht; ein ähnliches bedeckt die Schultern und Arme und wird beim Ausgehen über den Kopf genommen. Geschmeide lieben sie sehr und beladen sich mit Ringen, ungeheuren Spangen, Halsschnüren von Sandel, Korallen, Ambra, Gold- und Silberperlen, mit Medaillons für Amulete, goldenen und silbernen Knöpfen, die sie in das durchbohrte Ohrläppchen stecken. Ihre Füsse sind stets nackt. An Festtagen tragen die Geputzten Pantalons, die an den Knöcheln zusammengebunden sind, mit Streifen von verschiedenen Farben, unter denen aber stets das Roth vorherrscht; eine kurze Aermeljacke von reichem Stoffe und ein Lamba als Schärpe; dazu eine goldgestickte Kappe oben auf dem Kopfe, die Haare am Hinterkopfe zusammengenommen oder zu zwei über den Rücken herabhängenden Zöpfen geflochten; manche flechten sie auch in malgaschischer Weise zu kleinen Zöpfen rings um den Kopf. Die jüngeren haben schönes Haar; die Alten und Strenggläubigen scheeren den Kopf und setzen gräuliche Kappen mit Ohrenklappen auf; auch rasiren sie die Augenbrauen und malen sie dann mit Russ. Die fast weiss sind, färben die Umgebung der Augen dunkelblau; die Schwarzen machen mit einem Pinsel auf Stirn und Wangen Kreuze oder Punkte von Weiss oder Gelb. Einige haben die Nasenscheidewand durchbohrt und stecken durch die Oeffnung ein goldenes Knöpfchen in der Gestalt eines Vergissmeinnicht. Die Fingernägel und Handfläche färben alle mit Henna roth. — Zum Costüme gehört nothwendig eine lange punktirte, kupferne Dose mit drei Abtheilungen, für den Betel, den Kalk und die Areca; denn alle diese Damen kauen Betel, vom Morgen bis zum Abend, eine Gemenge von Betelblättern, geschabter Arccanuss und zerstossenem Kalk, das die Zähne schwärzt und annagt, und beständig werfen sie enorme Mengen rothen Speichels aus. Wie an allen Küsten des indischen Oceans theilen die Männer den Geschmack dafür; auch rauchen sie Hanf und Haschisch, und kauen Tabak, rauchen ihn aber selten. — Wenn die Frauen ausgehen, verhüllen sie sich mit einem Lamba Kopf und Schultern; nur wenige Familien haben noch den Gebrauch, das Gesicht mit einer viereckigen Maske bis zum Kinn zu verdecken, mit einem Querschlitz in der Gegend der Augen.

Ausser einigen aus Stein gebauten sind im Allgemeinen die Häuser aus Holz errichtet, rechtwinklig und ohne Untergeschoss; alle haben vorn eine Veranda und hinten einen mit Cocospalmen, Dattel- oder anderen Fruchtbäumen bepflanzten Hof, und sind bis in Mannshöhe von einem Zaun aus geflochtenen Cocosblättern umgeben, welche das Haus den Blicken der Vorübergehenden verdecken. Das Innere theilt eine Scheidewand; im vorderen Raume befinden sich einige Kibani und Stühle, und es dient als Empfangzimmer und als Schlafgemach für die Männer; das andere, wieder getheilt, ist die Wohnung der Frau und enthält gewöhnlich ein hohes Himmelbett, Kibanis, einige Etagèren, Matten, Spiegel etc.; eine Thür führt aus demselben auf den geschlossenen Hof, auf welchem sich bei Tage die Frauen, Kinder und Sklaven aufhalten und Reiss stampfen, kochen, Zeug, Matten und Bänder weben, und vor allen Dingen Betel kauen. Das Licht fällt nur durch die Thüren ins Haus, fast niemals sieht man Fenster. Bei Tage sitzen die Männer, Haschisch rauchend und mit einander plaudernd, unter der Veranda; sie spielen auch Dame oder Karten und ruhen von ihren Geschäften.

Die Araber sind sehr abergläubig und glauben an Zaubertränke, um Liebe zu erzeugen, Einfluss auf Jemand zu gewinnen oder sich ein Geschenk zu verschaffen; sie kaufen von Zauberern Amulete oder Talismane, gewöhnlich mysteriöse Schriftstücke, in ein Stück Zeug gewickelt, das sie wie ein Band um den Arm nähen. Wenn ein Araber von der Epilepsie befallen oder, wie sie sagen, vom Teufel besessen ist, so lädt seine Familie auf einen passenden Tag, der nach den Mondphasen bestimmt wird, seine Bekannten ein. Man setzt den Kranken in die Mitte eines grossen, für diesen Fall geschmückten Raumes; die Frauen kauern im Kreise um ihn auf Matten, die Männer um die Frauen: sie stimmen einen monotonen Gesang an und begleiten ihn von Zeit zu Zeit mit kleinen Stöcken, die sie gegen einander schlagen oder indem sie insgesammt in die Hände klatschen, während an der Thür der Tamtam gerührt wird; mit den Zufällen steigt das Orchester in Crescendo. Dann und wann lässt man auf kupfernen Präsentirbrettern Betel zum Kauen oder Gewürzkuchen herumgehen. Wenn es endlich Tag wird und die Kraft des Kranken erschöpft ist, geht jeder nach Haus.

In den Festzeiten sind die Tamtams sehr häufig; sie finden übrigens das ganze Jahr hindurch statt, wenn sich nur Jemand findet, der grossmüthig genug ist, die Musiker zu bezahlen und die Tänzer zu bewirthen. Die letzteren stellen sich in zwei Reihen auf, aneinandergedrängt und die Füsse verschränkend; sie biegen sich alle zugleich, nach rechts und links, drehen sich um sich selbst, handtiren mit Säbeln, Degenscheiden, Stöcken oder bloss mit den Armen; beide Reihen nähern sich einander, entfernen sich abwechselnd wieder und durchschreiten dann langsam die breitesten Strassen des Dorfes. Voran gehen die Männer, ihnen folgen die Frauen, welche Stöcke aneinanderschlagen und ein lautes und anhaltendes Zischen hören lassen, namentlich die im Dienste stehenden und die niederen, denn die Frauen von Rang schliessen sich nicht der Prozession an. Alle gehen im Takte und neigen sich mit dem höchsten Ernste nach rechts und links; einige singen die Verse, und alle antworten den Refrain ziemlich harmonisch. Der Gesang wird übrigens fast übertönt durch einen betäubenden Lärm von Trommeln, Sackpfeifen, Klarinetten, Kupferplatten, Hörnern, Muscheln, Knarren etc. — Bei jedem nur einigermassen glänzenden Feste bleiben die dazu Bestellten ausserhalb der Reihen mit einer Palme und einem silbernen oder kupfernen Weihwedel, mittelst dessen sie die Neugierigen und Vorübergehenden mit Rosenwasser besprengen. Zwischen den Reihen und hinter dem Orchester schreitet der, welcher das Tamtam gibt, ernsthaft mit seinen Freunden, von Sklaven umgeben, welche Präsentirteller tragen und Reiss in die Luft werfen, wie man bei unseren Prozessionen Blumen auswirft. Den Tanz beendet ein Mal. Zuweilen exerciren sie mit Säbel und Stock; zwei Parteien stellen sich einander gegenüber auf; dann treten zwei Kämpfer vor, thun einige Schläge tanzend und im Takte, darauf machen sie zwei anderen Platz und so fort. Sie sind ziemlich geschickt, denn trotz der Menschenmenge kommt fast niemals ein Unfall vor. Bei diesem Spiele tragen sie an der linken Hand ein kleines rundes Schild aus Rhinozeroshaut, auf das sie mit dem flachen Säbel schlagen. — Interessant ist auch das Ochsenspiel. Man bindet einen jungen Stier mit einem langen Stricke um den Hals an einen recht festen Pfahl, so dass er sich frei bewegen kann; das Orchester spielt und ein Schwarm von Tänzern geht gegen den Stier vor, macht Wendungen und reizt das Thier. Wenn der Stier auf eine Gruppe losgeht, so fassen einige den Strick und ziehen daran, während Andere ausbiegen. Bisweilen nimmt der Stier den Strick mit, und dann flüchtet Alles; aber sie fangen ihn sehr bald und sehr geschickt wieder.

Die Nahrung besteht in Reiss, Eiern, Gemüsen, Früchten, Rind- und Ziegenfleisch, Geflügel und Fischen. Wenn sie einen Ochsen schlachten wollen, so wenden sie denselben gegen Mekka; der Opferpriester ruft den barmherzigen Allah an und köpft das Thier. Hunde und Schweine verabscheuen sie und rotten sie nach Möglichkeit aus, und wenn sie zufällig eins dieser Thiere berührt haben, eilen sie, um sich schnell zu reinigen.

Die Frauen erziehen die Kinder bis zum fünften und sechsten Jahre; dann schickt man sie in die Schule, wo sie, auf der Erde sitzend, laut ihre Lection wiederholen, alle zugleich; sie lernen Sawaheli schreiben, auf Holztafeln mit Rohr oder geschnittenem Bambus und einer aus Russ gemachten Tinte; wenn die Tafeln voll geschrieben sind kratzt man sie ab. Wenn ein Kind den Korán lesen, Sawaheli schreiben und rechnen kann, so ist seine Erziehung vollständig. — Wer ein Handwerk erlernen soll, macht bei einem Meister seine Lehrzeit durch. Es gibt auf den Comoren Zimmerleute, Maurer, Juweliere, Schmiede, Schneider, Schuhflicker und Kuchenbäcker; alle Matten, Zeuge, Mützen, Körbe, Halsbänder etc., welche ausgeführt werden, sind in Privathäusern angefertigt. Namentlich sind die Juweliere geschickt; sie sind zwar nicht geschickte Graveurs, aber ihre getriebenen, überzogenen und Filigran-Arbeiten sind sehr gut gemacht.

Wenn sie keine Zauberer haben, so wenden sie sich in ihren Krankheiten an Quacksalber. Man kennt die Zusammensetzung ihrer Tränke oder der von ihnen in gewissen Fällen verordneten Pflaster nicht. Sie setzen Sauge-Schröpfköpfe mittelst eines durchbohrten Büffelhornes, kennen die Anwendung von Schienen bei Brüchen, beizen die Geschwüre mit Schwefelkupfer oder belegen sie mit Pflanzenstoffen, und behandeln innere und lokale Krankheiten durch Auflegen eines gelben Teiges auf die Stelle des Körpers, wo das Uebel sitzt. Die Comorer begraben ihre Todten und bauen ihnen mehr oder weniger reiche Mausoleen, je nach der Wichtigkeit des Verstorbenen; früher waren die von den Arabern herrührenden Grabmäler viel eleganter, als die heut zu Tago gebauten. Auf Mayotte und Mobeli sieht man noch die Gräber der ersten schirasischen Sultane; sie sind alle in derselben Weise gebaut und unterscheiden sich nur durch ihre Verzierungen. Das von Haïssa auf Mayotte ist ein hohler Würfel, mit Sockel, Corniche und Krönung, im Innern erhellt durch Oeffnungen in Gestalt von Kleeblättern. Man sieht noch Reste von angebrachten Porzellan-Verzierungen mit blauen Blumen. Auf dem Kirchhofe von Fonguzu auf Mayotte sieht man noch einige rechtwinklige Gräber aus gehauenen Steinen, die in den Boden eingelassen sind; das Innere des Grabes wird durch zwei Spalten in Gestalt eines V erhellt, und bedeckt ist es mit einem grossen behauenen Steine in Gestalt eines Eselrückens. Der gemeine Araber begnügt sich damit, rings um das Grab ein Oval von flachen Steinen zu legen; der innere Raum wird mit einer Art rothen Mörtels bedeckt, und darauf legt man eine Muschel oder ein Stück eines Sadjua. Damit sollten wohl ursprünglich die fleischfressenden Thiere abgeschreckt werden; indess gibt es auf Mayotte weder Hyänen noch Schakals.

Die Justiz ist in den Händen der Kadis, welche alle Araber und Mohammedaner sind; in wichtigeren Fällen urtheilen die Sultane in Gegenwart der Kadis und der zum Kabar versammelten Vornehmen. Das einzige Gesetzbuch ist der Korán; einige Kadis haben geschriebene Sammlungen mussulmanischer Jurisprudenz, und ihre Urtheilssprüche sind im Allgemeinen vernünftig. Unglücklicherweise kaufen sie ihr Amt, und um sich schadlos zu halten, sind sie der Bestechung zugänglich; auch kommt es sehr selten vor dass der reichste Kläger Unrecht hat.

Handel und Schifffahrt haben die Araber eingeführt. Die Comorer bauen und verwenden nur Buters, eine im ganzen indischen Ocean verbreitete Art von Fahrzeugen, wohl zu erkennen ihrem einzigen, nach vorn geneigten Maste, dem grossen lateinischen Segel, dem Ilintercastel, dem hohen und am Ende mit einer Palme oder Schnecke verzierten Schnabel, wie die Galeeren der Alten. Man unterscheidet sie nach der Gestalt des Vordertheiles in Baala, mit langem Schnabel; Handscha, mit gekrümmtem Schnabel; und Baiden, mit senkrecht abgestumpftem Schnabel. Seit Jahrhunderten befahren die Comorer mit diesen Buters die Küsten Madagascars, Afrikas und Indiens. Sie fassen 5 bis 90 Tons, sind fast alle mit einem Kompas versehen, und fahren schnell, wenn sie den Wind hinten oder voll von der Seite haben. Ihre Piroguen sind von verschiedener Art, entweder aus einem einzigen Takameka-Stamme, mit Hülfe des Feuers und des Hohlmeissels gemacht, wobei die Leisten für die Bänke und das Einsatzstück für den Mast ausgespart wird. Sie sind zugerundet und enden beiderseits mit einem Knopfe, an welchen das Segel mittest Schnüren befestigt wird. Ihre Art von Segel ist stark und leicht und hat den Vortheil, in Folge der Durchnässung sehr wenig schwerer zu werden. Das Tauwerk ist aus Cocosfasern gefertigt. Diese vorn und hinten verdeckten Piroguen haben 6 bis 10 Bänke und können 2 bis 20 Personen fassen. Ehe man sie ins Wasser setzt, lässt man sie von Haifischthran durchdringen. Alle haben einen Balancier, auf welchen ein Theil der Ladung gelegt wird, wenn man mit frischem Winde segelt; ohne diese

Vorsicht würde die Pirogue umschlagen. — Die andere, Lakampiar genannte Art ist aus mehreren Stücken zusammengesetzt; sie ist sehr schmal und würde sich ohne Balancier auch nicht auf dem Wasser halten können. Das sehr spitze und leicht erhobene Vordertheil endet mit einem verticalen Abschnitte, auf dem eine Schnecke liegt; oft malt man zwei grosse Augen darauf. Man fährt mit Segeln oder mit Rudern, kann sich aber nicht gegen ein unruhiges Meer halten, wie die erstere Art es kann. — Mit den Piroguen aus Einem Stücke fahren die Schwarzen häufig von einer der Comoren zur andern; zuweilen sind sogar Fischer von Madagascar auf solchem Fahrzeuge gekommen, so dass sie bei Unwetter und hohem Meere mehr als hundert Lieues zurückgelegt haben.

Vor Anwesenheit der Europäer auf den Comoren wurde kein Ausfuhr-Artikel producirt, sondern die Schiffe brachten die Produkte Madagascars und der Küste Afrikas nach Arabien. Im Jahre 1614 fanden die Holländer sie in den Häfen des Rothen Meeres, wohin sie sich jährlich mit dem SW-Mousson begaben. Der Haupthandel der Comoren ist immer der mit Sklaven gewesen. Ehemals verkauften sie dieselben nach den Häfen des Rothen Meeres; aber gegen Ende des letzten Jahrhunderts und seit der Niederlassung der Franzosen auf Mayotte bringen sie sie von Madagascar und der Küste Afrikas nach den Comoren, wo die europäischen Sklavenhändler sie ihnen abnehmen. Jetzt können sie diesen einträglichen Handel nur im Geheimen treiben, und beschränken sich deshalb darauf, Reiss, Ochsen und Schnüre von Madagascar zu verschiffen, und von Ssansibar und Bombay Manufakturwaaren für die Comoren zu holen oder in Madagascar zu vertauschen. — Die reinen Araber machen nur etwa $1/10$ der Gesammt-Bevölkerung aus.

Aus dem Sawaheli und Malgaschischen hat sich das Antalote gebildet, die eigentliche einheimische Sprache auf den Comoren, der übrigens auch Kaffernworte beigemengt sind. Während die Städte Sawaheli sprechen, wird das Antalote fast ausschliesslich auf dem Lande und in den Dörfern gesprochen. Die Sawaheli-Buchstaben sind dem Arabischen entlehnt; aber diese Sprache wird dennoch so abweichend geschrieben, dass ein Araber das Sawaheli nicht lesen kann, wenn er es nicht ausdrücklich gelernt hat, und umgekehrt, ein Sawaheli das Arabische nicht lies't; die Punkte und Accente, welche die Vocale vertreten, haben ihre besondere Bedeutung. Uebrigens ist das Comoren-Sawaheli nur ein Dialect des von Ssansibar.

Der Kalender ist der der Araber, mit einer leichten Abweichung in der Schreibweise und Aussprache. Die Wochentage werden gezählt; nur Donnerstag und Freitag haben andere Namen. Auf den Comoren bedient man sich des Dezimalsystems der Araber.

Die Araber haben offenbar schon frühzeitig diese Inseln gekannt. Schon Mas'udi (um das Jahr 947) spricht »von einem Flusse, welcher sich in das Meer der Zendj (Zanguebar) ergiesst, welches zugleich das der Insel Cambalu ist. Diese gut cultivirte Insel hat mussulmanische Bewohner, welche aber die Zendj-Sprache reden. Die Mohammedaner haben diese Insel erobert gegen das Ende der Herrschaft der Ommijaden. Die Seefahrer befahren das Meer bis zur Insel Cambalu, ja bis Sofala, das am Ende des Zendj-Landes liegt, und bis zu den Wakwak-Inseln. Im Jahre 304 der Hidschra kam ich von Cambalu nach Oman. Im Zendj-Meere liegt eine unzählige Menge von Inseln; eine derselben, eine oder zwei Tagereisen von der Küste entfernt, mit mussulmanischer

Bevölkerung unter erblichen mussulmanischen Häuptlingen, heisst Cambalu[1]). — (Diese Nachrichten passen auf keine der Inseln, als etwa auf die Comoren). — Die Bewohner des Zendj-Landes haben bedeutenden Handelsverkehr mit den Zabedj-Inseln (Java). Auf diesen Inseln sind Berge, welche Tag und Nacht Feuer auswerfen, unter Donner und Blitz[2]).«
Albyruny (im 11. Jahrh.) reducirt die Wakwak-Inseln auf eine einzige, die zu den Comayr (Diminutiv von Comor) genannten gehört. Comayr ist der Name eines hellgefärbten Volkes, das, klein von Gestalt, den Türken ähnelt und durchbohrte Ohren hat; sie bekennen sich zur Religion der Indier. Andere Bewohner von Wakwak sind schwarz. (Das deutet wohl auf die malayische und die Negerbevölkerung Madagascars[3]).

Idrisi (a. 1153) sagt im ersten Klima, im 9. Abschnitte: Im Süden des Meeres ist ein Theil von Sofala, zu dessen Städten auch das wenig bedeutende Djebesta (Gasta) gehört, wo man viel Gold findet. Die Bewohner von Komr und die Kaufleute des Maharadja-Landes kommen hierher und werden gut aufgenommen. Von hier nach Daguta ist es drei Tage und Nächte zu Meere, ein Tag nach der Komr- oder Malay-Insel[4]).

Ibnu-l'Wardi (a. 1232) nennt das sehr stark von Schwarzen bevölkerte Land Zindje (Zandj), das bis zum Goldlande Sofala und zum Lande der Wakwak reicht. Er sagt, dass die Zindjes keine Schiffe haben und ihre Kinder nach Oman verkaufen. Die Komr-Insel ist nach ihm sehr lang und breit; man braucht vier Monate, um sie der Länge nach zu durchreisen. Sie ist reich an allen Produkten und hat cultivirte Bewohner[5]).

Ibn S'aid (stirbt 1286) sagt: Die Komr-Berge, von denen der Nil kommt, heissen so nach dem Komr-Volke, welches mit den Chinesen verwandt ist (deutet auf die malayische Bevölkerung Madagascars). Oestlich von Seyunah, in $2^1/_2°$ s. Br., fängt das Gebirge Almolattham an, das sich längs der Küste auf 260 Meilen hin erstreckt; es hat seinen Namen (Reinaud übersetzt ihn in: Montagne Battue), weil der Nordwind von seiner Seite aus weht. Die Komr-Berge setzen sich in derselben Richtung fort. Die Insel Komr fängt östlich von Seyunah, gegenüber vom Almolattham an, und der Kanal zwischen der Insel und dem Festlande wendet sich nach SO., endigt am Gebirge Alnedam (Mont Repentir) und ist etwa 200 Meilen breit. Die Insel ist sehr lang und breit, vier Monate lang und 20 Tage breit. Unter den Städten derselben ist Leyraneh zu nennen, das am Meere liegt. Ibn Fathima hat die Stadt besucht und dort ein Gemisch von Menschen aller Länder gefunden. — 5° von da ist die Stadt Maláy, wo einer der Könige residirt. Die ehemalige Hauptstadt des grössten Theiles ist Komoryeh[6]).

Nach Abd-Allatif (etwa a. 1200) hat der Vogel Komri (offenbar Marco Polos Vogel Rok von Madagascar) seinen Namen von der Gegend Komriyye auf der grossen Insel. Die Bewohner seien ausgewandert und hätten sich an den Bergen niedergelassen, welche nach ihnen den Namen erhalten haben. Es ist falsch, diesen Namen Kamar (d. i. Mond) zu schreiben (was auch Abu l'Féda gänzlich verwirft); die alten arabischen Geographen, namentlich Makrizi und der Verfasser des Kamus, schreiben stets Komr.

---

[1]) Reinaud Géographie d'Aboulféda. Vol. I. p. CCCV.
[2]) l. c. pg. CCCXCI
[3]) l. c. pg. CCCVIII.
[4]) Hartmann Edrisii Africa, 1796. pg. 114.
[5]) Tornberg Ibn-al-Wardi, Upsaliae 1835. pg. 75.
[6]) Reinaud l. c. pg. CCCXVI.

Im Arabischen heisst Komr: ein grünlicher oder schmutzig weisser Gegenstand, oder auch die Blendung[1]).

Die Insel Komr ist also bei den arabischen Geographen des Mittelalters Madagascar; der Komr-Kanal ist der Kanal von Mosambik; das Komr-Gebirge, von welchem nach jenem der Nil entspringt, ist das der Küste parallel laufende, hohe Gebirge, über welches noch heute heftige Winde wehen. Auch in dem Cap Comorin an der Südspitze Vorderindiens wiederholt sich der Name noch einmal, welcher heut zu Tage der Insel-Gruppe am Nord-Eingange der Mosambik-Strasse verblieben ist.

Gross-Comoro.

Diese auf der NO-Seite der Gruppe gelegene Insel ist etwa 50 g. M. von der Küste Afrikas entfernt, von N. nach S. 9 M. l., bei 4 1/2 g. M. mittlerer Breite, und hat eine Trapez-Gestalt. Eine etwa 1000 F. messende Höhe, bei einer Einschnürung der Insel gelegen, trennt sie in zwei Theile, in deren nördlichem sich ein grosses, zackiges Gebirge erhebt, und deren südlicher durch die regelmässige Domgestalt eines gewaltigen, noch nicht erloschenen Vulkans charakterisirt ist, der Kartale heisst und etwa 2600 M. hoch ist[2]). Er soll 1830, 1855 und 1858 Ausbrüche gehabt haben. Ungeheure Schlackenmassen und deutliche Lavaströme bedecken ihn, welche meist bis ans Meer gelangt sind und dort als Vorgebirge enden. Der letzte vor einigen Jahren herabgeflossene Strom war nahe daran, ein grosses Dorf mit fortzureissen. Das obere Drittel ist kahler Fels, regelmässig gefurcht; darunter folgt dichtes Buschwerk, und den unteren Theil bedecken Wälder, zwischen denen Ortschaften, Culturstrecken, Rodungen und Waiden erscheinen. Bis zum Meere hin erstrecken sich sehr fruchtbare Ebenen und Plateaux, aus denen sich kleine, gut erhaltene Krater erheben. — Flüsse hat die Insel nicht. Der Name eines der Hauptorte, Muroni, bedeutet freilich im Antalote Bach; aber es ist nur das trockene Bett eines solchen vorhanden. An den blendend weissen Strand legen sich die nicht breiten Korallenbänke. Die Küste ist ungastlich; nur bei Ikoni bildet ein kleiner Krater eine geschützte Bai, die während der Regenzeit den Schiffen als Hafen dient. Da hier kein Thonboden, kein Sumpf und stehendes Wasser ist, so ist die Insel die gesundeste des Archipels.

Diese grösste der von den Arabern Comoren genannten Inseln heisst bei ihnen Angazia, Angaziza, Gaziza, Gazizad, und ist von den Portugiesen Comoro genannt worden. Ihre Bewohner sind die kräftigsten der Comoren, die Frauen die schönsten und von den Bewohnern der anderen Inseln am meisten gesucht. In den 8 oder 10 ummauerten Städten, einigen 20 grösseren Orten und etwa 100 Dörfern mögen etwa 35.000 Seelen vorhanden sein. Sehr unabhängigen Sinnes, streitsüchtig, wenig gastlich, sind die Comorer in mehr als zehn kleine Staaten getheilt, deren Sultane sich unter einander bekämpfen. Dadurch ist es den Malegaschen leicht geworden, im vorigen Jahrhundert ungestraft die ganze Insel zu verwüsten. Ausser Landes werden sie ausgezeichnete Diener, denen man vertrauen darf. Die Stadt Muroni, wo Sultan Achmed, der einflussreichste der Insel, residirt, liegt am SW-Strande, an einem kleinen natürlichen Bassin voller grosser Felsen

---

[1]) Silvestre de Sacy.: Relation de l'Egypte par Abd-Allatif. Paris 1810, und Reinand I. p. CCCVII. Anm. und II. p. 62 u. 208.
[2]) Nach Algernon de Horsey, Journal of the geogr. Society. 1864. vol. 34 pg. 259, der ihn zu 8526 e. F. bestimmt.

das von halb verfallenen Befestigungen umgeben ist; die Stadt umzieht eine 10 F. hohe Mauer mit viereckigen Thürmen in sehr schlechtem Zustande. Eine neue, ziemlich gut gebaute Moschee steht am Eingange. Viereckige, niedrige und enge Thore führen in die Stadt; die aus Korallenkalk und Lehm gebauten Häuser sind einstöckig, aber zerstört und offen, denn das Dach deckt nur einen Theil des Innern. Dieselbe Erbärmlichkeit zeigen alle Städte der Comoren. Die Gassen sind enge, ungleich, steinig und voller Unrath. Auch der Sultan wohnt in einem elenden Hause, in welchem sich nur spärliches Geräth vorfindet. Er ist ein kräftiger, 80jähriger Greis, mit weissem, wohlgepflegtem Barte, hoch gewachsen, und trägt einen weissen Turban, weissen Rock und einen Gürtel ohne Schmuck; die Finger ziert nur ein dicker Silberring. Er ist den Franzosen ergeben, welche ihn gegen seine Söhne in der Behauptung seiner Herrschaft unterstützt haben. Jedes ankommende französische Kriegsschiff erhält von ihm einen Ochsen zum Geschenke. Seine Gewalt über die Unterthanen ist geringe. — Die Stadt scheint mindestens 3000 E. zu haben; Trinkwasser fehlt gänzlich und man sammelt deshalb das Regenwasser in Cisternen; geht dies aus, so hilft man sich mit der Milch der Cocosnüsse. — Auch die zweite Stadt, Itzanda (nach Horsey) soll von Mauern umgeben sein. Am NW-Ende liegt Mutschamuli.

Der Reichthum der Insel beruht auf der Viehzucht; das Vieh wird nach den anderen Comoren und nach der Küste Afrikas ausgeführt. Die reichlich vorhandenen Cocosnüsse gehen nicht ausser Landes. Da die Production an Reiss unzureichend ist, so führt man das fehlende von Madagascar ein. Die einzige Industrie besteht in der Anfertigung von Baumwollenzeug, Schnüren und Matten, die sehr solide, von geschmackvoller Zeichnung und reich gefärbt sind; sie kosten 2 bis 6 Piaster. Das Holz zu den Schiffen, das Eisen zu den Messern, Werkzeugen und Speeren kommt von ausserhalb; die Zeuge, Gewürze, Spiegel etc., meist englische Produkte, von Bombay und Saansibar. Die Comorer verlassen ungern ihre Insel; 1868 befanden sich nur 93 derselben auf Mayotte.

Moheli.

Das 7 g. M. im SO von Comoro gelegene Moheli (englisch Mohilla) ist elliptisch, von O nach W $3_{,5}$ g. M. lang und $2_{,4}$ M. breit. Von fern gesehen, erscheint sie wie eine über einander aufsteigende Masse von Bergen, welche sich schnell vom Meere nach dem Innern hin erheben und durch Thäler zertheilt sind, welche sich meist nach dem Meere hin öffnen und deren grösster Theil von Bächen oder kleinen Flüssen bewässert ist. Der höchste Gipfel ist ein abgerundeter Berg im Innern; weniger hoch ist ein zweiköpfiger Gipfel. Die Höhe mag 600 M. betragen (nach Horsey 580 M.). Der aus dem herrlichen Thale von Luala kommende Fluss bildet an seiner Mündung einige Sümpfe. Die sich dicht an die Insel anschliessenden Korallenbänke erstrecken sich stellenweis bis 1 Meile von derselben hinaus. Kleine Felseninseln liegen der Küste nahe, z. B. bei Numa-Schoa, wo sie einen guten Hafen, den einzigen der Insel, sichern.

Alle Bewohner, die Neger ausgenommen, leiden an den zuweilen gefährlichen Sumpffiebern, da sich Sumpfstrecken vorfinden, sowie Schlammbänke an mehreren Stellen der Küste, und zur Ebbezeit blossgelegte Korallen. In Folge der Gewässer ist Moheli viel mehr cultivirbar als Comoro. Alle Thäler und niederen Gehänge sind mit Cocosbäumen und Pflanzungen bedeckt; aber fast alle Höhen sind kahl, da die Wälder meist durch

Feuer ausgerodet sind; in Folge dessen haben auch schon einige Bäche aufgehört zu existiren.

Die Dörfer liegen unter Cocospalmen am Meere, gewöhnlich an der Mündung eines Baches; wären sie, wie auf Comoro, in 150 bis 200 M. Höhe gebaut, so würde auch hier eine bessere Gesundheit herrschen. In den Antaloten waltet hier das Negerblut vor; etwa 4/10 der 6000 Bewohner sind Neger, 3/10 Antaloten, 2/10 Malegaschen und Hovas, 1/10 Araber. Früher von den Malegaschen unterjocht, haben jetzt die Araber die Oberherrschaft. Die Bewohner sind wild und misstrauisch und gehen meist nicht unbewaffnet. — Es gibt zwei ummauerte Städte mit steinernen Häusern, Fomboni und Numa-Schoa, einen grossen Ort Luala, und einige 40, der Königin oder arabischen und malegaschischen Häuptlingen gehörende Dörfer. Die Häuser sind aus Cocosstämmen oder aus geschlagener Erde viereckig aufgeführt. Der Hauptort Fomboni liegt am NO-Strande auf einer breiten Ebene, zwischen den Bergen und dem Meere. Vor der Stadt zieht sich ein mit der Küste parallel laufendes Korallenriff in etwa 1 Kilometer Entfernung hin, durch welches ein 60 M. breiter Eingang führt, so dass dadurch ein geschütztes Bassin für 8 oder 10 Fahrzeuge entsteht. Von der Rhede gesehen, ist der Anblick der Stadt äusserst malerisch. Man sieht eine grosse Batterie, mit 21 Schiessscharten versehen, welche sich schwarz von der langen weissen Wand abheben, und von einem sehr hohen Flaggenmast überragt werden; zur Linken und ausserhalb der Enceinte liegt eine ausgedehnte Vorstadt; zur Rechten ist die Mauer von einer viereckigen Bastion flankirt; vor der Mauer steht eine weisse Moschee; weiterhin liegt ein kleines Fort vor einer der Thore an der Westecke der Mauer; dann folgt eine Vorstadt, wie die vorige unter Cocosbäumen liegend, welche die Stadt mit dem reizenden Wohnsitze des Herrn Lambert verbindet, den man von der Rhede aus deutlich mit seinen Flaggen und seinem Belvedere sieht; jenseits dehnen sich Cocospflanzungen, Zuckerrohr-, Kaffee- und Baumwollpflanzungen etc. des Herrn Lambert hin. Rings um die Stadt zieht sich ein von Culturstellen unterbrochener, grosser Cocoswald über die ganze Ebene bis an den Fuss der Berge. Die Stadt ist viereckig und hat eine 12 bis 15 F. h. steinerne Mauer mit 3 oder 4 kleinen Thoren; die einstöckigen Häuser in den engen Strassen sind aus Kalk oder Holz gebaut. Der sogenannte Palast der Königin steht am Ende der Batterie, etwa in der Mitte der Fronte der Stadt; nach der Stadtseite umgeben Mauern denselben, und daran grenzt ein dreieckiger Platz mit einem Brunnen und einer Moschee. Der Palast hat das Aussehn eines schlecht gehaltenen Landhauses. Man tritt durch einen grob skulptirten Thorweg und hat vor sich, auf Feldlafetten stehend, zwei achtpfündige Mörser und zwei bronzene, 4pfündige Geschütze, alle in sehr gutem Zustande. Einige 20 Flinten mit Steinschlössern und Bayonetten und einige 50 scharfe Sagaïen sind an der Wand befestigt, sowie mehrere Patrontaschen. Das Gebäude ist einstöckig, unten mit Schiessscharten, oben mit etwa 10 Fenstern versehen, die grüne Jalousien haben. Eine abscheuliche Treppe führt zu einem grossen Empfangssaal, verziert mit Spiegeln, Etagèren, Maskat-Teppichen und sehr schönen Matten, und zu mehreren kleinen, mit europäischen Möbeln versehenen Zimmern, der Wohnung der Königin. Auf einem der Höfe befinden sich mehrere Grabmäler, namentlich das von Ramanataka: ein viereckiger steinerner Würfel mit einem Aufsatze. Die mit dem Palast in Verbindung stehende Batterie ist fest gebaut; den Vorplatz umgeben vier dicke, 10 F. hohe Mauern und eine geschützte Brustwehr, von Schiessscharten für 21 Kanonen durchbrochen. Vor dem Bombardement von 1867 war sie ausgerüstet mit 2 Caronaden von 24, 7 langen Geschützstücken von 18 und 12, 7 alten gegossenen Kanonen von 6 und 6, und 3 kleinen Bronzegeschützen. Eine 15 F. hohe Mauer ohne Oeffnungen schliesst die Batterie an der Kehle. Die Palastgarde, einige 50 Mobelier, sind mit rothen Tuniken und weissen Hosen bekleidet und haben rothe Mützen auf dem Kopfe, welche ganz den Bischofsmützen gleichen. Jeder Soldat trägt eine alte Steinflinte nebst Bayonet, einen Feuerstahl, eine Patrontasche und zwei Sagaien. Die Musik besteht aus einer Pauke, Cymbeln, Pfeifen und Trommeln. Ausserdem besitzt die Königin ein grosses Haus in einem Malegaschendorfe, 2 Kilom. von Fomboni, im Gebirge. Dort fliesst in einem sehr fruchtbaren und schattigen Thale der Fluss, welcher das etwa 2000 Bewohner zählende Fomboni mit Wasser versieht. — Die zweite Stadt, Numa-Schoa, liegt im Süden auf einem Hügel, der einen ausgezeichneten Hafen beherrscht. Ehemals war der Ort fast eben so wichtig wie Fomboni, jetzt ist er aber fast zerstört; man sieht noch Reste der mit viereckigen Thürmen versehenen Mauer und etwa 60 Häuser. Ausser den Häfen von Mayotte ist dieser der beste auf den Comoren. Hier wohnen Araber und namentlich ausgewanderte Mahoris.

Nachdem in frühester Zeit Afrikaner nach der Insel hinübergekommen waren, sind seit Anfang des 16. Jahrh. die Araber vollkommen Herren von Moheli geworden. Als 1828 Radama, der König von Madagascar, starb, liess dessen Wittwe Ranavalo nach malegaschischem Gebrauche alle Verwandten ihres Mannes ermorden, denen sie misstraute; zu diesen gehörte auch der Hova Ramanataka, der Gouverneur von Musangal. Er entwich mit seinen Freunden und einigen hundert Hovas in der Nacht nach den Comoren, wo sie auf Andjuan beim Sultan Abdallah gastlich aufgenommen wurden. Nach einigen Monaten conspirirte er gegen den Sultan; aber sein Plan misslang und er flüchtete nach Moheli, dessen Sultan, der dem von Andjuan feindlich war, ihn wiederum aufnahm. Als im Jahre 1830 die Andjuaner Moheli angriffen, verhalf er ihnen zum Siege über dieselben. Danach aber verjagte er seinen Wirth und liess sich zum Könige von Moheli ausrufen. Da er den Abdallah fürchtete, so befestigte er Fomboni; aber die Sakalawen verabscheuten ihn als einen Hova, und die Araber hassten ihn als einen Ungläubigen. Er gebrauchte deshalb die List, Mohammedaner zu werden, und nannte sich von da an Sultan Abd-el-Rhaman. 1833 nahm er auch auf kurze Zeit Mayotte in Besitz, konnte sich aber dort nicht halten. 1835 brach der vorausgesehene Krieg mit Andjuan aus, dessen Sultan die grösste Armee heranführte, welche die Comoren je gesehen haben. Aber die Winde machten, dass die Flotte Schiffbruch litt, und die Expedition misslang; zahlreiche Opfer fielen und Abdallah musste im Kerker Hungers sterben. Seitdem wagte Niemand mehr, den Sultan Abd-el-Rhaman anzugreifen. Derselbe starb 1842 und hinterliess zwei junge Töchter, deren eine, Djombé-Fatuma, 1868 als Königin Frankreich besuchte. Die hinterlassene Wittwe führte die Regentschaft, und die Erziehung der Töchter wurde einer nach dem Tode ihres Mannes auf Moheli gebliebenen Creolin von Mauritius, Madame Drouet, anvertraut. Die Erziehung wurde ganz europäisch geführt, und sie lernten ziemlich gut französisch schreiben und richtig französisch sprechen. Nach dem Tode der Mutter erhielt sich Mad. Drouet ihren Einfluss zum grossen Missvergnügen der Araber, für welche sie keine Sympathien hatte, freilich aber um so grössere für die Franzosen auf Mayotte. 1848 sollte Djombé-Fatuma selbst Regentin werden, und französische Kriegsschiffe gaben der Feier des Regierungs-Antrittes grösseren Glanz. — Die Französin aber behielt ihren Einfluss und die Araber ihren Hass gegen dieselbe;

das Ende der Kabalen war, dass Mad. Drouet Gift beigebracht wurde und sie damit sogleich die Insel verlassen musste; sie starb sofort auf Mayotte. Nun wusste der Einfluss der Araber durchzusetzen, dass die Königin sich mit Saïd-Mohammed, einem Vetter des Sultans von Ssansibar, vermählte und die arabischen Sitten annahm. Der Prinz-Gemahl drückte aber die Mohelier dermassen, dass sie ihn verjagten. Er starb im Sept. 1864 auf Gross-Comoro.

Gegen Ende des Jahres 1860 kam ein französischer Missionär, Finaz, nach Moheli, der die Königin zur katholischen Religion zu bekehren versuchte, und ein Creole Arnaud, welcher Pflanzungen einrichtete. Schon nach einigen Monaten mussten beide auf Betreiben der Umgebung der Königin die Insel wieder verlassen. Zur Bestrafung dieser, französischen Unterthanen angethanen Schmach liess die Regierung von Mayotte durch ein französisches Kriegsschiff die Urheber des Verbannungsurtheils, drei Minister der Königin, nach Mayotte in Gefangenschaft bringen.

Im Dezember 1864 liess sich Lambert, der sogen. Herzog von Emyrna, auf Moheli nieder, ein Blutbruder des Königs Radama II. von Madagascar, eines Vetters der Djombé-Fatuma. Diese empfing ihn sehr freundschaftlich, bewilligte ihm unter sehr vortheilhaften Bedingungen 2000 Hectaren ausgezeichneten Landes bei Fomboni, und verlieh ihm das Recht, auf der ganzen Insel Pflanzungen anzulegen, gegen Zins, irgendwo, ausser dem südlichen Theile bei Numa-Schoa und dem Luala-Thale. Er baute sich ein schönes Haus, in welchem er jeden Fremden gastlich aufnimmt. Im März 1867 kam die Königin dorthin, um dem Commandanten des Schiffes »Indre« Audienz zu geben; sie wohnte damals apf dem Lande, und die Etiquette erlaubte ihr nicht, sich am Tage in Fomboni zu zeigen. Sie kam im Tragsessel an, unter einem grossen Sonnenschirm, vor ihr und hinter ihr Soldaten ihrer Garde mit Bischofsmützen, und von mehr als zehn Frauen begleitet. Sie trug ein rothseidenes Kleid, eine grünsammetne und silbergestickte Jacke, und war ganz in einen weiten, rothseidenenen Lamba gehüllt, welcher wie ein Schleier mittelst eines goldenen Diadems auf dem Kopfe befestigt war. Sie ist ziemlich hübsch, hat aber seitdem verloren; sie spricht gut französisch, am liebsten aber das kreolische von Réunion. Ihre beiden Söhne, Mohammed und Mahmud, begleiteten sie, arabisch gekleidet, mit geschorenem Kopfe, den eine goldgestickte Kappe bedeckte. Sie sind gelb, wie ihre Mutter; sie verstehen kaum einige französische Worte.

Man glaubte, Djombé sei Frankreich ergeben; Lambert hatte sie mit Geschenken überschüttet und ihre Einkünfte verdreifacht. Er verliess sich auf ihr Wort, als er im Juli 1867 eine Reise nach Réunion unternahm. Aber die Malegaschin kam zum Vorschein. Schon seit einem Jahre stand sie heimlich mit dem Sultan von Ssansibar wegen Abtretung der Insel in Unterhandlung, denn sie langweilte sich und wollte auf einer grösseren Bühne spielen. Sie trat deshalb ihre Insel an Saïd-Medjid ab. Da sie den mit Lambert geschlossenen Vertrag nicht brechen konnte und wollte, so dankte sie zu Gunsten ihres Sohnes Mohammed ab. Nun sah sie den Vertrag für aufgehoben an, und die Araber beschlossen, Lambert nicht wieder auf der Insel landen zu lassen; man machte sich sein Haus und seinen Besitz zu Nutze, und die strengen Mussulmanen leerten seine Weinflaschen. Zugleich gab man den Kanonen neue Lafetten und besserte die Mauern des Forts aus; eine Corvette von Ssansibar von 12 Kanonen, mit 200 Soldaten, kreuzte in den Gewässern von Gross-Comoro. Die Hauptthätigkeit dabei entwickelte ein gewisser Self, ein Verwandter des Sultan von Ssansibar und des verstorbenen Prinz-Gemahls, der sich seit Kurzem auf der Insel niedergelassen.

Anfangs November 1867 kehrte Lambert auf dem »Indre« zurück, durfte aber nicht landen. Da jede Unterhandlung vergeblich war, so ging das Schiff wieder nach Mayotte und kehrte dann in Begleitung eines Aviso mit einem Briefe des Commandanten von Mayotte an die Königin zurück. Bei Fomboni angekommen, grüsste der Indre mit 21 Kanonenschüssen, und das Fort erwiderte dieselben. Djombé aber verweigerte die Annahme des Briefes, erklärte, den Vertrag mit Lambert nicht mehr anerkennen zu können, und liess den den Brief überbringenden Offizier in Gegenwart des Ssansibar-Agenten und der Häuptlinge durch ihre Sklaven hinauswerfen. Zugleich befahl sie, dass das Kriegstamtam geschlagen und die Thore der Stadt geschlossen wurden. Nun galt es, einen entscheidenden Schritt zu thun. Da alle Versuche fruchtlos blieben, die Königin anderen Sinnes zu machen, oder sie wenigstens zu einer Entschuldigung zu bewegen, auch am Strande sich etwa 150 mit Flinten und 6 bis 700 mit Sagaien bewaffnete Mann einfanden, so wurde der Termin der Beschiessung auf den nächsten Morgen 6 Uhr festgesetzt. Mit dem ersten Schusse wurde der Strand geräumt; aber das Fort hisste stolz seine rothe Ssansibar-Flagge auf, und kein Parlamentär erschien. Nun begann das Feuer auf das Fort, welches nicht antwortete, sich aber als fester erwies, wie man geglaubt hatte. Dann liess man wieder zwei Stunden Bedenkzeit, aber nichts änderte sich. Nun fuhr Lambert mit zwei Matrosen ans Land, stieg mittelst einer Leiter zur Brustwehr hinauf, drang durch eine Schiessscharte und riss zwischen der auf dem Bauch liegenden Garnison die Flagge herab; ebenso schnell entwich er, und, von Schüssen verfolgt, aber durch die Kugeln vom Schiffe her gedeckt, gelangte er zum Indre zurück. Sofort zog das Fort eine andere rothe Flagge auf, — und nun begann das Bombardement und in kurzer Zeit war die Stadt ein Aschenhaufen. Die Königin und ein Theil der Bevölkerung hatte sich geflüchtet. Verhandlungen mit ihr hatten kein Resultat, und so ging dann der Indre nach Ssansibar und liess den Aviso zum Schutze Lamberts zurück, dem es nur gelang, sein Haus zu bewahren, während der grösste Theil seines übrigen Besitzthums zerstört wurde. Der »Indre« brachte von Ssansibar den ausserordentlichen Gesandten des Sultan Saïd-Nassar, und einen Attaché des französischen Consulates mit; zuvor war auch eine ssansibarische Corvette vor der Insel erschienen. Der Sultan befahl der Königin als Herr mit Frankreich Frieden zu schliessen und den Vertrag mit Lambert zu respectiren; den Self berief er nach Ssansibar zurück. Die Mannschaft der Corvette wurde nun ausgeschifft, der Admiral und Saïd-Nassar nahmen Besitz von Moheli und proklamirten den Mohammed feierlich als König, im Namen des Sultans; zur Investitur übergaben sie ihm einen Säbel und ein Pferd, nebst anderen Geschenken, sowie eine prächtige rothseidene Flagge, welche sogleich aufgehisst und mit 21 Kanonenschüssen begrüsst wurde. Die ganze Ceremonie vollzogen die Araber äusserst geschickt. Zu Ende Dezember 1867 ging die Exkönigin nach Ssansibar ab, von wo sie auf Veranlassung des englischen Consuls der Reise nach Frankreich unternahm.

Nun begann auf Moheli die entschiedenste Anarchie, welcher der zehnjährige Mohammed nicht steuern konnte. Zum Schutze der Franzosen und ihres Eigenthums blieben von dem Aviso ein Offizier und fünfzehn Matrosen auf Moheli zurück. — Im Mai 1868 ging das Schiff Prégent bei Moheli vor Anker, wo Lambert mit den Häuptlingen neue Verbindungen angeknüpft hatte, welche wenig mit ihrer neuen Lage zufrieden waren.

Bald proklamirte eine Versammlung derselben feierlich den Mohammed als unabhängigen Sultan, und an die Stelle der rothen Flagge von Ssansibar trat eine rothweisse, während erstere nach Ssansibar zurückgeschickt wurde. Amissi-ben-Abdallah wurde zum Gouverneur während der Minderjährigkeit des Königs ernannt.

Nun kehrten Sicherheit und Ruhe wieder, und Lambert nahm seine Pflanzungen wieder in Angriff, obwohl er schwer geschädigt worden war. Für Mayotte war der Umschwung von besonderer Wichtigkeit, da dasselbe $^9/_{10}$ seiner Arbeiter von Moheli erhält. Djombé-Fatuma wohnt seit ihrer Reise nach Frankreich in Ssansibar; ihr Sohn Mohammed ist ein hübscher Knabe, aber sehr herrisch und heftig; Lambert überwacht seine Erziehung.

Moheli führt Cocosnüsse, Rinderhäute, Matten, Stricke etc. aus; der Viehstand ist gering. Von Bombay und Ssansibar werden die Bedürfnisse zugeführt. Jährlich gehen 4 bis 500 freie Arbeiter nach Mayotte, und doch vermindert sich die Volkszahl nicht. Jeder Arbeiter, der von der Insel fortgeht, hat dem Sultan 15 frcs. zu zahlen; dieses Einkommen, sowie ein Aus- und Einfuhrzoll und der Verkauf der Produkte der Ländereien machen jährlich eine Summe von 15.000 frcs. aus.

Andjuan.

Andjuan liegt $5{,}8$ g. M. östlich von Moheli und 9 M. südöstlich von Gross-Comoro; die Küsten bilden ein gleichseitiges Dreieck von 7 g. M. Seite. Von der Südspitze läuft eine Gebirgskette nach N. und eine andere nach NW. Die sehr hohe und äusserst unebene Masse überragt ein spitzer, oben in Wolken gehüllter Pik von mindestens 1577 M. Höhe[1]); etwas niedriger ist ein anderer, abgerundeter Gipfel. Die Thäler sind eng und tief, und in ihnen bewegen sich Bäche zum Meere. Alle Gipfel und Abhänge sind gut bewaldet, und Wasser ist reichlich vorhanden. Ein bei Domoni gelegener See scheint ein alter Krater zu sein. An vielen Stellen ist der Küstensand schwarz. Die Korallenbank liegt dicht an der Insel und erstreckt sich an der Westseite weit hinaus; an anderen Stellen fällt das hohe Ufer steil zu dem tiefen Meere herab. Andjuan hat nur Rheden, aber keinen Hafen. Es ist ebenso fruchtbar, wie Mayotte und Moheli, und gesunder; seine Vegetation ist eben so reich, aber die Temperatur geringer; die Verwüstungen durch das Feuer sind weniger bedeutend. Von der etwa 12.000 Seelen zählenden Bewohnerschaft sind etwa $^2/_{10}$ reine Araber, $^3/_{10}$ Antaloten, $^1/_{10}$ Malegaschen, $^4/_{10}$ Negersclaven. Die Mussulmanen, Araber und Antaloten, meist zur Ali-Sekte gehörig, haben unstreitig das Uebergewicht. Sie wohnen in zwei ummauerten Städten mit steinernen Häusern, M'Samudu und Domoni, einem grossen Orte Wani und etwa 80 Dörfern.

M'Samudu, die Hauptstadt und der älteste Ort, liegt am Meere, an einer grossen Bai zwischen der N.- und NW.-Ecke der Insel, auf sanftem Abhange und am Fusse eines steil abfallenden Hügels. Sie bildet ein Quadrat von etwa 400 M. Seite, und wird von einigen 20 Thürmen umschlossen. Zwischen den Stroh- und Terrassendächern gewahrt man zwei flache, das der Wohnung des Sultans und das eines anderen schönen Hauses; in der Mitte erhebt sich ein hoher runder Thurm als Minaret der Haupt-Moschee. Auf dem Hügel ist die Cittadelle angelegt, mit crenelirter Umfassungsmauer und ihrem Donjon, den ein Flaggenmast überragt; eine Treppe führt zu ihr hinauf. — Rechts von der Stadt liegt an einem klaren, reichlichen Gewässer eine Neger-Vorstadt, und daneben ein hüb-

---

[1]) Nach Horsey.

sches europäisches Haus, das des ehemaligen englischen Consuls, weiterhin ein kleines, halbzerstörtes Fort; auf der anderen Seite sieht man Zimmerplätze für Schiffe, Häuser etc. Innerhalb der Stadt steht kein Baum, aber sie ist umgeben von Cocospalmen, Fruchtbäumen, eingehegten Feldern und sehr gut gepflegten Pflanzungen. Die dahinter gelegenen Berge scheinen aus Basalt, von dem man Säulen als Thürschwellen gebraucht findet, aus Laven und Puzzolan zu bestehen. Das Erdreich ist roth. Die Thore der Stadt führen durch viereckige Thürme, und neben jedem liegen 3 oder 4 alte eiserne Kanonen. Die höchstens 6 F. br. Gassen sind gekrümmt und durchschneiden einander labyrinthisch. Nur die wenigen zweistöckigen Häuser haben Fenster nach der Strasse, die übrigen nur eine Thür aus geschnitztem Holze. Zu den gut gebauten führen einige schmale steinerne Stufen; von der mit gerippter Einfassung und niedrigem Bogenaufsatz versehenen Thür führt ein mit Matten belegter Gang in ein schwach erhelltes, grosses Gemach, dessen Decke Cassetten und verzierte Balken zeigt. Zu beiden Seiten des Einganges und rings um das Zimmer in 10 F. Höhe sind Nischen angebracht, in denen Porcellanvasen, Glas und Flittersachen stehen; dazwischen in den Einfassungen lies't man Koransprüche in blauer Schrift. Den Boden bedeckt ein sehr schwerer und glänzender Sand; einige hochlehnige, geschnitzte Holzstühle, ein hohes Himmelbett, zwei mit hübschen Matten bedeckte Canapés und hölzerne Tabourets bilden das Ameublement. In der Ecke liegt ein Koran auf hohem Pulte neben zwei Nargilés oder Wasserpfeifen. An der Wand hängen zwei grosse Spiegel, drei Säbel, ein Doppelgewehr, ein amerikanischer Revolver, an der Decke drei Glaslampen an kupfernen Ketten. Im Gemache herrscht ein Duft von Rosen, Sandel, Moschus und Benzoë, vermischt mit dem eigenthümlichen Gestank des Cocosöls, deutlichem Küchengeruche und der dumpfigen Luft geschlossener Räume; denn hier dringt nie ein Sonnenstrahl oder ein Strom frischer Luft hinein. Dennoch ist die Luft im Zimmer kühl. Im Hintergrunde verhüllt ein rother Vorhang den Zugang zu den Zimmern der Frauen: vier legitime mit 5 oder 6 Dienerinnen. Einige zwanzig schmutzige und stinkende Sclaven jeden Alters und Geschlechts bewegen sich ungenirt durch das Haus, so dass auf einem Raume von einigen Quadratmetern hier wohl 40 oder 50 Personen eng bei einander hausen.

Die Stadt hat 7 oder 8 einfache Moscheen, vorn mit einem Porticus und mit Bassins zu den Abwaschungen; nur die in der Mitte hat ein Minaret, das etwa 40 F. hoch ist. Kein Verkaufsladen ist zu sehen; nur einige Indier oder Araber haben ein kleines Lager von englischen, indischen oder arabischen Stoffen, Gewürzen, Datteln, Glas- und Fayencewaaren etc. 280 schlechte Stufen führen zur Cittadelle hinauf; eine wenig hohe Mauer umfasst eine zweite crenelirte und sehr steile, und in der Mitte steht ein viereckiger Donjon, auf welchem die Flagge weht. Drei alte eiserne Kanonen ragen heraus. Das Ganze gleicht einem alten Ritterschlosse und gewährt einen hübschen Ueberblick über die 3500 bis 4000 Einwohner zählende Stadt. Bei Tage herrscht vollkommene Stille; aber mit Untergang der Sonne ertönen überall die Trommeln, und an den Thoren der Stadt beginnen die Tänze, welche bis in die Nacht fortgesetzt werden.

Die andere Stadt, Domoni, seither Residenz der Sultane, liegt an der Ostküste (nach Horsey an der SW-Küste), und soll eben so gross und bevölkert sein, wie M'Samudu. Sie hat einen kleinen, aber tiefen und sicheren Hafen.

Die Königswürde ist erblich, aber der Erbe bedarf der Anerkennung durch die Versammlung der vornehmen Araber, welche sich bei jeder wichtigen Veranlassung versammeln und berathen. Der Sultan hat eine Leibgarde von einigen hundert Soldaten; die Offiziere tragen eine versilberte oder vergoldete Platte mit einer umgekehrten Hand (Andja oder Andza soll Hand heissen). Der Sultan erhebt Natural-Abgabe zur Erhaltung der arabischen Priester; er nimmt für jeden die Insel verlassenden Arbeiter 30 frcs. Die Rechtspflege kommt dem Sultan zu, aber er verkauft die Kadi-Stellen. Die geltenden Strafen sind: der Tod, Verstümmelung, Schläge, Pranger und Bezahlung; am häufigsten kommt Diebstahl vor, der ehemals mit Verstümmelung, jetzt mit Schlägen und Strafarbeit gebüsst wird.

Die Insel hat zwar keine besondere Industrie, aber ihr Handel ist bedeutender, als der von Moheli und Gross-Comoro. Jährlich bringen Schiffe aus Bombay und Sansibar Waaren, und von Madagascar Reiss; einige englische und amerikanische Schiffe landen ebenfalls und bringen Stoffe, rothe, schwarze oder grüne Zeuge, Pulver, Syrup, Seife, Glas, Stahlwaaren, Fayence, Schiesswaffen, Kerzen, Eis etc. Ausser den Nahrungspflanzen cultivirt man auch Zuckerrohr, Kaffe, Sesam etc.; die Pflanzungen werden sehr gepflegt und schreiten fort. Ein ehemaliger englischer Consul, Sunley, hat in Pomoni an der Westküste eine Zuckermühle angelegt. 1867 gewann er schon 7 bis 800 Tons Zucker, so dass dies glückliche Resultat auch den Sultan veranlasste, im Innern eine grossartige Zuckerfabrik anzulegen, und die reicheren Araber anfangen, den Vortheil solcher Anlagen zu begreifen. Nach Verlauf einiger Jahre wird die Production bedeutend sein.

Die Insel hiess anfangs Andjuan, Andzuan, bei W. Jhones Hinzuan, bei den Portugiesen Johanna, bei den Engländern Juanny, bei den Holländern Angovan, Angu, Anjuannii, Ansüannii, und war unter 7 oder 8 Häuptlinge vertheilt. Hassani-ben-Mohammed wurde im ersten Viertel des 16. Jahrh. der erste Sultan derselben; sein Sohn prätendirte auch die Sultanschaft über Moheli und Gross-Comoro. Der jetzige Sultan, Abdallah II. ben Selim, ist etwa 35 Jahre alt, von angenehmem Gesicht und ganz civilisirtem Benehmen; unter ihm blüht Andjuan. Er ist den Franzosen freundlich gesinnt, aber den Engländern ganz ergeben. 1867 hat er die ihm angetragene Protection Ssansibars abgelehnt.

Die Europäer haben Andjuan im Laufe der letzten drei Jahrhunderte vielfach besucht, wenn sie durch den Kanal von Mosambik nach Ostindien gingen. Auch die Sclavenhändler wurden dort stets gut aufgenommen. Jetzt kommen nur noch amerikanische Walfischfänger, englische Kriegsschiffe und wenige andere dorthin, um Wasser und Lebensmittel einzunehmen, und um den Zucker und Kaffee des Herrn Sunley fortzuschaffen, von ersterem jetzt schon mindestens 1500 Tons. Für Mayotte sind am wichtigsten die Arbeiter, welche auch von hier hinübergehen.

Die französische Colonie Mayotte.

Diese südlichste und östlichste der Comoren liegt zwischen 12°54' und 13°04' s. Br. und zwischen den Meridianen 62°43' und 63°03' östl. Lg. v. Ferro, 7 g. M. von Andjuan, 21 M. von Moheli, 48 M. von Nossibé und dem Cap Bavatubé an Madagascar, 180 M. von Réunion, 180 M. von den Seychellen und 60 M. vom portugiesischen Iboz an der Küste Afrikas. Sie erstreckt sich von NNW nach SSO. 5,5 g. M. weit, bei einer Breite von 0,6 bis 3 g. M. Sie hat geringere Höhen, als die übrigen Comoren; der Länge nach wird sie von einem Gebirge durchzogen, welches zwei nach W. offene Halbkreise bildet: der kleinere südliche wird von dem Utschongui, dem viereckigen Berge, Mawégani, dem

Bénara und dem Rothen Berge gebildet; dies ist die Bai von Bueni; der andere viel grössere und höhere von dem Bénara, Mawegani, Qualey, Combani, M'Sapéré, Muraniombéi und umschliesst grosse, schöne cultivirbare Plateaux. Der Utschongui, im Sawahel, das Haar, (bei Horsburgh Berg Valentin) hat die Gestalt eines 641 M. hohen Zuckerhutes und ist auf seinen fast senkrechten Abhängen von Gebüsch bedeckt, am Fusse von Wäldern umgeben; der Viereckige Berg ist 400 M. hoch; der 120 M. h. Sazileh besteht aus zwei abgestumpften Kegeln; der Mawégani, im Sawaheli die Schultern, ist ein grosser, zweispitziger Kegel, 648 und 610 M. hoch, der höchste Gipfel der Insel; zwischen ihm und dem Viereckigen Berge führt ein Saumpass über den Grat, welcher Bandeli und Mirereni verbindet. Der grosse, runde Bénara ist 600 M. h., und steht mittelst Hügeln mit dem Rothen Berge in Zusammenhang; der letztere namentlich ist mit vortrefflichem Nutzholze bedeckt. Auf der Nordseite des Mawegani liegt das Thal von Débency, das sich bis zum Bandacuni-Col hinzieht, über welchen die einzige fahrbare Strasse führt, die beide Abhänge der Insel verbindet. Der 420 M. hohe Qualey ist nur mit Kräutern und wenigem Buschwerke bedeckt; der 540 M. h. Combani, im Sawaheli Makis, ist ein regelmässiger bis zum Gipfel bewaldeter Kegel. Zwischen dem Combani und dem M'Sapéré zieht sich das grosse Thal von Passamenti hin, durch das eine Verbindungsstrasse der Ost- und Westseite, fast in der Mitte der Insel, läuft. Vom Combani an ändert sich die Natur des Gebirges; an die Stelle der regelmässigen Kegel treten grössere Massen; daraus erhebt sich der 580 M. h. M'Sapéré mit ganz bewaldetem Gipfel; an ihm entspringen sieben Flüsse. Hügel verbinden ihn nach NW. mit dem Muraniombé, d. h. Ochsenbuckel, etwa 650 M. h., dessen Wälder meist vernichtet sind. Zahlreiche Nebenjoche laufen beiderseits von der Höhenkette aus und enden am Meere in steilen Vorgebirgen; zwischen ihnen haben sich die durch Korallen geschlossenen Buchten mit Alluvium gefüllt, durch das sich die Flüsse winden und wo die Manglegebüsche immer weiter eingedrungen sind. Auf diesen fruchtbarsten, aber höchst ungesunden Stellen der Insel liegen die Dörfer und ländlichen Ansiedelungen.

Mayotte ist vulkanischer Bildung; jedoch es umgibt sie ein riesiger Ring von Korallenriffen, und zwischen diesem und der Insel bleibt ein auch im Sturme ruhiges Wasser, aus welchem sich einige zwanzig kleine Lava- und Schlackeninseln erheben; aber in diesem untiefen Meere ist ein rings um die Insel laufender breiter Kanal vorhanden, der die Schifffahrt gestattet. Die meisten dieser Inselchen liegen auf der Ostseite des Beckens; die bedeutendste, Pamanzi, hat 13 Kilom. Umfang. Das Westende derselben verbindet ein Damm mit dem Felsen Dzáudzi, wo die Regierung, die Aemter und die Garnison ihren Sitz haben. Dieser ist vom nächsten Punkte des Landes, Mamutzu oder Schoa, durch einen 2800 M. breiten Meeresarm getrennt. Die beiden für eine etwa beabsichtigte Befestigung wichtigsten Inselchen sind im NW. M'Zamburu und im SO. Bandéla, welche die beiden Hauptzugänge beherrschen. Von allen hat nur M'Zamburu ein wenig Trinkwasser.

Die mittlere Jahres-Temperatur ist 26° (17 bis 34°) C., die nächtliche Schwankung 6 bis 10°. Auf Dzaudzi geht das Thermometer selten auf 23° hinab und steigt bisweilen auf 34°; die nächtlichen Schwankungen sind 1,5 bis 2°. Auf den Hochebenen Mayottes ist das jährliche Mittel 27°,4. Auf der Westseite der Insel ist die Regenmenge 2ᵐ,8 bis 3ᵐ des Regenmessers; auf der Ostseite 2ᵐ bis 2ᵐ,5; auf Dzaudzi 1ᵐ bis 1ᵐ,5. Die Feuchtigkeit ist auch in der trockenen Zeit gross; die Dächer in Dzaudzi sind stets mit Salz-

Efflorescenzen bedeckt. In der Regenzeit aber treten bisweilen qualvolle, 10 bis 15 Tage dauernde Calmen ein. — Die Declination der Magnetnadel 1798 betrug 17°26′ NW; 1841 fand sie Jehenne 11°,4 NW; sie hat sich also in 43 Jahren um 6° vermindert.

Nach dem 1869 von Gevrey zu Dzaudzi angestellten Beobachtungen ist in Centesimal-Graden im

	Mittl. Tages-T.	Mittl. Nacht-T.	Max.	Min.	Mittel		Mittl. Tages-T.	Mittl. Nacht-T.	Max.	Min.	Mittel
Januar	28,9	27,4	30,8	26	28,2	Juli	26,8	24	27,4	23	25,3
Februar	29,1	27,7	31	26,1	28,4	August	26,9	24,2	27,9	23,7	25,4
März	29,4	27,8	31	26	28,7	September	28,6	25	29,2	24	26,8
April	29,8	27,9	31,2	26,4	28,8	October	28,8	26,2	30	25	27,1
Mai	28,6	26,6	30	25	27,6	November	28,4	28	30,1	26	28,1
Juni	27,7	25,2	28	24,7	26,6	Dezember	29,4	27,1	33	26	28,3

Barometer.

Pluviometer. (in Millim.)

	Max.	Min.	Mittel	Mitt. d. tägl. Schwank.	Jährl. Mittel		Regenmenge	Tägl. Menge	Nächtl. Menge	Summe	Jährl. Mittel
Januar	765	758,8	761,2	1,3		Januar	19	270	60	330	
Februar	765	758	761,9	1,8		Februar	18	200	50	250	
März	764,8	757	761,8	1,8		März	11	120	80	200	
April	765,8	760	762,6	1,9		April	7	30	5	35	
Mai	767	762	764,6	1,8		Mai	3	10	1	11	
Juni	769	763	767,1	1,6	762,4	Juni	1	5	1	6	1m,075
Juli	769	764	766,2	1,8		Juli	1	3	1	4	
August	770	765	767,2	1,8		August	1	2	2	4	
September	769	763	765,5	1,7		September	3	30	3	33	
October	766	763	764,3	1,2		October	4	20	2	22	
November	768,1	764	765,7	1,6		November	8	60	40	100	
Dezember	765	761	763,1	1,7		Dezember	10	40	40	80	

Haarhygrometer. (Centigrade.)

Januar	84	April	86	Juli	77	Oktober	80
Februar	85	Mai	80	August	76	November	82
März	68	Juni	77	September	79	Dezember	83

Mittlere Windrichtung.

Januar	N	April	SSO, S	Juli	S, SSO	Oktober	S, ONO
Februar	N	Mai	SSO, S	August	SSO, NNW	November	N
März	N	Juni	S	September	S, SSO	Dezember	N

Mayotte, nach W. Johns Mayotta, nach Flacourt Aliola, nach einigen Manuscripten Ayota, mit dem Artikel M'Ayota, ist schon seit Ende des 16. Jahrh. unter diesem Namen bekannt. Ueber die ersten afrikanischen Bewohner wissen wir nichts; aber sie nannten den nördlichen Theil der Insel M'Schambara oder M'Zambara, und das ist der Name eines nicht unbedeutenden Volkes an der Mozambikküste; auch werden die aus der äthiopisch-semitischen Vermischung hervorgegangenen Antaloten Mahoris, Mauris oder Mohren (Mauren) genannt, wie die Mischlinge an der afrikanischen Küste. Die von den arabischen Schriftstellern gesammelten Traditionen weisen ausdrücklich auf das ehemals an der Ostküste Afrikas wohnende Zendj- und Komr-Volk als den Ausgang der Bevölkerung hin. Araber kamen erst gegen das Jahr 600 der Hidschra hierher, nachdem sie längst auf den andern drei Inseln sich angesiedelt hatten. Erst zu Anfange des 16. Jahrh. kamen die Portugiesen, und zugleich zahlreiche Sakalawen von Madagascar.

1530 wurde Mohammed-ben-Hassani, der Sultan von Andjuan, auch Sultan von Mayotta. Ich gebe nur die chronologische Liste der Sultane ohne ihre Geschichte: Mohammed-ben-Hassani regierte von 1530 bis 1550. — Jusa oder Haissa-ben-Mohammed von 1550 bis 1590. — Magoina-Aminah von 1590 bis 1595. — Boina-Fumo, ein Ausländer, von 1595 bis 1620. — Ali-ben-Fumo von 1620 bis 1640. — Omar-ben-Ali von 1640 bis 1680. Ali-ben-Omar von 1680 bis 1700. — Salim I., ein Ausländer, von 1727 bis 1752. — Boina-Combo-ben-Salim von 1752 bis 1790. — Saleh oder Salim II., ein Ausländer, von 1790 bis 1807. — Suhali-ben-Salim von 1807 bis 1817. — Mahona-Amadi von 1817 bis 1829. — Boina-Combo-ben-Amadi von 1829 bis 1832. — Andrian-Suli, ein Eroberer, von 1832 bis 1833. — Ramanateka, ein Eroberer, von 1833 bis 1835. — Abdallah, ein Eroberer, von 1835 bis 1836. — Andrian-Suli von 1836 bis 1843. —

Im August 1840 kam der Corvetten-Capitän Jehenne, auf dessen Schiff »Prevoyante« sich der Kapitän Passot befand, nach Mayotte, und sie erkannten die günstige maritime Position derselben; am 25. April 1841 trat Andrian-Suli vertragsmässig die Insel an Frankreich ab. Ihm wurde lebenslänglich eine jährliche Rente von 5000 frcs. gesichert, ohne Rückfall und bis zu dem Tage, an welchem er begehren würde, nach Madagascar zurückzukehren. Die Erziehung seiner beiden Kinder sollte auf Réunion auf Kosten der Regierung geschehen. Das Privat-Eigenthum sollte unverletzlich sein. Im Februar 1843 wurde der Vertrag vom Könige von Frankreich ratificirt, und am 13. Juni nahm der Gouverneur von Réunion Besitz von der Insel. Zwei Detachements Infanterie und Artillerie wurden als Garnison dorthin verlegt und Dzaudzi als Hauptquartier gewählt.

Die Insel zählte damals 300 Araber, 700 Antaloten oder Mahoris, 600 Sakalawen, also 1600 Freie, nebst 12- bis 1300 Sklaven aus Afrika und Madagascar, im Ganzen also keine 3000 Seelen. Fast alle wohnten auf und um Dzaudzi und Pamanzi. Sieben Häuptlinge besassen noch eine Art von Schattengewalt. Nur Dzaudzi war befestigt und gut bevölkert; es zählte in 349 Steinhäusern etwa 1000 Einwohner. Vieh und Geflügel gab es nicht mehr; die Pflanzungen waren verlassen; man ernährte sich von Bataten, Fischen und Bananen. Ein schreckliches Elend herrschte. Als Ersatz für das verlorene Ile de France fanden die Franzosen hier herrliche Rheden, eine prächtige Natur, einen reichlich bewässerten Boden von wunderbarer Fruchtbarkeit in den Thälern, aber für die Europäer tödtlich ungesund und daher unbewohnbar; einige schöne Wälder, Cocospalmen, Mangobäume und Bananen in grösster Menge und ausgezeichnete Waiden; keine Strasse, keinen Mittelpunkt des Verkehrs; eine elende, wilde und fanatische Volksmenge, faul und scheu, die Europäer meidend. Mayotte sollte die Herrschaft über die Comoren, Madagascar und die Ostküste Afrikas sichern, und ein Freihafen das Handels-Entrepot zwischen der Küste Afrikas und Madagascars werden. Trotz der seither darauf verwendeten Millionen hat sich diese Aussicht nicht erfüllt. Indess hat die französische Comoren-Compagnie Boden-Concessionen übernommen, den Boden urbar gemacht und Zuckermühlen gebaut. Nach starken Verlusten an Geld und Menschenleben ist Mayotte mit Unterstützung der Regierung doch zu einer kleinen Ackerbau- und Industrie-Colonie herangewachsen, deren Fortschritt sicher ist, und deren Besitz auf der Insel auf 6 bis 7 Millionen frcs. geschätzt wird.

Die Inseln Mayotte, Nossibé und Sainte Marie wurden 1843 Dependenzen von Réunion; wenig später wurde es eine selbständige Colonie, Nossibé und Dependenzen genannt; im folgenden Jahre wurde die Regierung von Nossibé nach Mayotte verlegt;

und 1853 wurde es die Colonie »Mayotte und Dependenzen«. Ein und dieselbe Regierung vereinigt somit zwei in jeder Beziehung gänzlich von einander in Sitten, Religion, Charakter und Bedürfnissen verschiedene Inseln, natürlich zum grossen Schaden von Nossibé.

Mayotte zerfällt in 4 Kreise: auf der Ostseite Dzaudzi und M'Sapéré, auf der Westseite Combani und Mirereni; in jedem derselben wohnt ein europäischer Agent der inneren Verwaltung, Viertels-Commissarius genannt. Auf der niedrigen, runden, das Plateau genannten Insel Dzaudzi, von 250 bis 300 M. Durchmesser, stehen in einer mittleren Einsenkung das Regierungsgebäude, das Hospital, die Kaserne, das Arsenal, das Haupt-Magazin, das Pfarrhaus, die Kapelle, die Verwaltungsbüreaux, die Laienschule, die Schule der Schwestern und das Lager der eingeborenen Soldaten. In Dzaudzi wohnen 39 Beamte und 10 europäische oder creolische Bewohner, 27 Offiziere, Unteroffiziere und europäische Soldaten, 86 Unteroffiziere und Soldaten der Eingeborenen, 134 Eingeborene, im Ganzen 296 Personen. Der Hauptort der Insel kann keine ungesundere und für das Ganze ungünstigere Lage haben.

Zu Ende des Jahres 1843 hatte Mayotte 600 Sakalawen, 700 Araber, 500 Mahoris, 1500 Sklaven, in Summa 3300 Bewohner.

1855 — 6829,
1856 — 7229, wovon 119 Europäer und Creolen,
1857 — 7122,
1866 — 11.731, und zwar 6804 männlich und 4778 weiblich, 2731 Kinder unter 14 Jahren. Davon waren 4673 Mahoris, 1261 von den anderen Comoren, 1682 Malegaschen, 13 Araber, 64 Indier, 3716 Afrikaner, 53 Europäer, 84 weisse Creolen.
— 5766 waren Mohammedaner, 5500 Götzendiener, 406 Katholiken, 64 Hindus. — 46 waren Gebildete, 1903 konnten lesen und schreiben, 107 konnten nur lesen, 9526 weder lesen noch schreiben.

Die Bevölkerung wohnt in 52 Ortschaften und 28 ländlichen Ansiedlungen; nur 2 verdienen den Namen Stadt: M'Sapéré mit 1463 E. und Pamanzi, neben Dzaudzi auf der Insel, mit 1220 E. — 35 Ansiedlungen, sogenannte Concessionen, sind eingerichtet, 20 davon gehören Europäern oder Creolen.

1859 gab ein Hectare Zuckerrohr 1580 Kilo.
1863 „ „ „ 2040 „
1867 „ „ „ 2776 „
Der Ertrag kann bis auf 3200 K. gesteigert werden.

Man gewann

	Zucker, Kaffe.		Kil. Zucker.	Auf 1 Hektar.		Zucker. Kaffe.		Kil. Zucker.	Auf 1 Hektar.
1855	auf „ „	Hekt.	285.000	„	1864	„ „	1010 8 Hekt	2.346.208	2323
1856	„ 519 32	„	522.000	1005	1865	„ „	1057 10 „	1.996.880	1890
1859	„ 814 6	„	1.260.340	1580	1866	„ „	1057 13 „	2.848.831	2789
1863	„ 924 4	„	1.999.447	2040	1867	„ „	1154 20 „	3.093.506	2776

Die Hauptzuckerfabriken lieferten:

	1854.	1863.	1867.
Zu Koéni und Débeney (2 Mühlen)	190.000 Kil.	287.000 Kil.	1.015.000 Kil.
Issandju u. Passamonti (1 Mühle)	217.000 „	370.000 „	286.000 „
Drumogné	20.000 „	225.000 „	500.000 „
Sulu	—	235.000 „	325.000 „
Combani u. Benjoni (2 Mühlen)	—	350.000 „	355.000 „
Lujeni u. M'Sapéré (1 Mühle)	60.000 „	135.000 „	113.000 „
Ajangua u. Vunzé (1 Mühle)	15.000 „	220.000 „	314.000 „
Longoni	—	5000 „	78.000 „

Etabl. mit Dampf-mühlen.	Bevöll.	Hekt. m Zucker rohr.	Kll. Zucker 1867. Weiss.Schw.	Arbeiter	Etabl. m. Dampf-mühlen.	Bevöll.	Hekt. m. Zuckerrohr.	Kll. Zuck. 1867. Weiss. Schw.	Arbeiter
Kofoi	1392	140	400.000 3	230	Drumogné	1000	150	500.000 4	300
M'Sapéré-Lujani	214	63	113.000 2	78	Sula	400	100	325.000 2	175
Namutzu	155	?	15.000 2	—	Combani	1200	130	195.000 2	160
Issondju-Passamenti	1040	150	286.000 2	183	Denjoni	830	100	160.000 2	180
Debeney	1646	115	615.000 2	110					
Ajangua-Vunzé	622	95	314.000 2	177	Pflanzer-Etabliss.				
Longoni	98	34	78.000 2	60	Andé	48	20	30.000 1	22
Conconi	147	24	60.000 -	83	M'Schanga-Muai	68	12	3000 1	16

Ausserdem zählte man am 1. Jan. 1868 auf 28 anderen Ackerbau-Concessionen: 78.500 Kaffebäume, 5000 Cacaobäume, 25.000 Cocospalmen, und etwa 18 Hektaren mit Baumwolle und Sesam; 1867 hatte man davon geerntet: etwa 3000 K. Kaffe, 112.000 K. Reiss und 93.000 Cocosnüsse. Der Kaffe ist ausgezeichnet; die Vanille gedeiht vollkommen. Wild wächst in Menge Ricinus, Indigo etc.

Die Zuckerfabriken haben 2500 bis 3000 schwarze Arbeiter nöthig, und da Mayotte selbst nur wenige zu stellen vermag, so muss es sich in den übrigen Inseln rekrutiren. Der Bestand derselben betrug am 1. Januar 1868: 3002. Im Laufe des Jahres 1869 wurden eingeführt:

		Männer unter, über 18 Jahr.	Frauen unter, über 18 Jahr.			Männer unter, über 18 Jahr.
aus Mosambik 2245,	nämlich	1198 753	97 197	Andjuaner..	132, nämlich	117 15
Malegaschen 268,	„	191 40	25 15	Mobelier...	49, „	39 10
Mahoris ... 165,	„	108 71	— 6	Seansibarer .	28, „	28 —
Comorer ... 93,	„	42 51		Indier ?....	3, „	3 —

Eingeborene der Comoren waren:
1865 unter 3234 Engagirten 515, 1866 unter 3787 Engagirten 950, 1868 unter 3002 Engagirten 437.

Die Sultane verlangen für jeden nur eine Prämie von 30 bis 60 frcs. Ein Engagements-Contract für einen nach den Comoren gekommenen Arbeiter kostet auf Mayotte: 125 frcs. für einen unter 10 Jahren, 150 frcs. für einen von 10—18 J., 175 frcs. für einen über 18 Jahre.

Der Lohn beträgt monatlich je nach dem Alter und der Dienstzeit 2 frcs. 50 bis 10 frcs.; die Wohnung ist im Mittel 7 frcs. 50 zu rechnen. Die tägliche Nahrung besteht in 1200 Grammen Reiss in der Hülse. Das Engagement eines Trupps von 100 Schwarzen von 18 bis 25 Jahren kommt also auf 17500 frcs. zu stehen; die Unterhaltung desselben kostet 9000 frcs., die Gage 3960 frcs. die Ernährung 2500 frcs, die Medicamente im Ganzen 15.460 frcs. In Folge zahlreicher Missbräuche, welche eingerissen sind, sind diese Arbeiter schlecht gestellt und kommen nicht zu ihrem Rechte.

Während des Jahres 1867 kamen:

Französ. Schiffe			Tons.	Werth d. Lad.	Fremde Schiffe			Tons.	Werth d. Lad.
Von Nantes	2	von	884	228.000 frc.	Von den Saychellen	1	von	146	8000 frc.
Marseille	2	„	920	37.322 „	Fremde Küstenfahrer				
St. Nazaire	1	„	594	54.766 „	Von Bombay	6	von	216	151.718 frc.
Réunion	4	„	1113	142.950 „	Seansibar	15	„	690	178.650 „
St.Marie(Madagascar)	1	„	99	42.150 „	Nossibé	25	„	1118	114.510 „
Nossibé	1	„	35	33.000 „	Andjuan	21	„	402	18.825 „
	11	von	3665	638.258 frc.	Moheli	2	„	215	18.193 „
Französ. Küstenfahrer					Baly	5	„	217	14.570 „
Von Bombay	2	von	102	18.375 frc.	Ambongu	2	„	90	3500 „
Seansibar	3	„	141	50.600 „	Marambitz	5	„	250	12.830 „
Nossibé	7	„	289	33.880 „	Musangaie	4	„	235	14.290 „
Andjuan	7	„	126	6875 „	Murunsang	8	„	321	45.520 „
Moheli	13	„	353	10.435 „	Comoro	1	„	40	3400 „
Baly	2	„	70	4800 „	Ambaritolle	1	„	31	5000 „
Ambongu	2	„	99	3500 „	Mosambik	2	„	57	6290 „
Marambitz	1	„	45	2120 „		101	von	3882	587.526 frc.
Musangaie	1	„	35	13.000 „					
Murunsang	7	„	129	3150 „					
	40	von	1385	146.735 frc.					

Es gingen aus:

Französ. Schiffe		Tons	Werth d. Lad.	Fremde Schiffe		Tons	Werth d. Lad.
Nach St. Nazaire	3 von	1544	967.227 frc.	Nach den Seychellen	1 von	146	3500 frc.
Ssansibar	2 „	875	12.500 „	Fremde Küstenfahrer			
Calcutta	1 „	504	„ „	Bombay	3 von	170	65.000 „
Nossibé	2 „	480	21.580 „	Ssansibar	15 „	581	63.360 „
Réunion	1 „	104	80.000 „	Nossibé	26 „	1033	22.250 „
Mosambik	1 „	99	42.150 „	Andjuan	15 „	246	8000 „
Madagascar	1 „	59	„ „	Moheli	8 „	62	1200 „
				Baly	7 „	370	„ „
Französische Küstenfahrer.				Marambitz	4 „	225	„ „
Ssansibar	6 von	187	22.500 frc.	Musangaïe	8 „	500	90.810 „
Nossibé	10 „	402	35 750 „	Murunsang	3 „	90	200 „
Andjuan	12 „	257	21.900 „	Comoro	4 „	77	5000 „
Moheli	7 „	168	600 „	Mosambik	1 „	17	„ „
Ambongu	2 „	70	1500 „	Katschy	1 „	70	28.000 „
Marambitz	1 „	45	„ „	Ibox	1 „	80	1500 „
Musangaïe	1 „	59	„ „	Vulamassa	1 „	40	„ „
Comoro	2 „	47	1000 „	Vombé	1 „	40	7980 „
Ménabé	1 „	25	„ „		93 von	3601	296.800 frc.
	40 von 1255		83.250 frc.				

Es wurden ein- und ausgeführt:

	Unter französischer Flagge.				Unter fremder Flagge.			
Stoffe	für 171.100 frcs.	ein,	45.400 frcs.	aus.	287.805 frcs.	ein,	159.000 frcs.	aus.
Reiss	„ 38.650	„ „	7500	„ „	143.250	„ „	38.200	„ „
Ochsen	„ 15.415	„ „	—		32.090	„ „	3.500	„ „
Zucker	—		1.047.227	„ „			83.000	„ „
Verschiedenes	„ 313.093	„ „	23.330	„ „	154.381	„ „	13.100	„ „
	538.258 frcs. ein, 1.123.457 frcs. aus. 587.526 frcs. ein, 296.800 frcs. aus.							

Im Ganzen:

	Import sd. Transit.	Export ed. Transit.	In Mayotte geblieb.
Stoffe	428.905 frcs.	204.400 frcs.	224.505 frcs.
Reiss	181.900 „	45.700 „	136.200 „
Ochsen	47.505 „	3.500 „	44.005 „
Zucker	—	1.130.227 „	—
Verschiedenes	467.474 „	36.430 „	431.044 „
	1.125.784 frcs.	1.420.257 frcs.	835.754 frcs.

Fast alle Stoffe kommen von Bombay und Ssansibar, der Reiss und die Ochsen grösstentheils von der Westküste Madagascars, theils direkt, theils über Nossibé. — Der Handel ist localisirt in M'Sapéré, Dzaudzi, Pamanzi und Mamutzu; Dzaudzi hat 2 europäische Engros-Kaufleute und Mamutzu 1; M'Sapéré hat 9 indische oder arabische Engros-Kaufleute.

6 von den Kaufleuten erster Klasse waren Europäer, 9 Eingeborene; die 68 Detailhändler Eingeborene, die 13 Bijoutiers ebenfalls, sowie 6 Schmiede, 2 Zimmerleute, 1 Schuhmacher, 2 Schlächter etc.

Schulnachrichten.

A. Lehrverfassung.

1. Ober-Prima (mit einjährigem Cursus).

Religion. 2 St. Geschichte der Reformation und Lehrbegriff der Reformatoren auf Grund der Augsburgischen Confession. Repetition der Anordnung, des Inhaltes und des Zusammenhanges der heiligen Schrift, besonders der für den kirchlichen Lehrbegriff wichtigsten Schriften des neuen Testaments. Repetition von Kirchenliedern.
Deutsch. 3 St. Lektüre: Lessing's Nathan. Goethe'sche und Schiller'sche Gedichte. Lektüre aus Schauenburg und Hoche. Thl. II. Literaturgeschichte von 1500 bis auf Goethe. Aufsätze und freie Vorträge. Monatlich ein Aufsatz.
Französisch. 4 St. Lektüre: Corneille le Cid. Racine Mithridate. Daneben aus Herrig's Chrestomathie. Uebersicht der französischen Literatur. Repetition und Erweiterung schwieriger Abschnitte aus der Grammatik. Alle 2 Monate ein Aufsatz und alle 14 Tage ein Exercitium nach Gerth.
Englisch. 3 St. Lektüre: Shakespeare Macbeth und Hamlet. Daneben Einzelnes aus Herrig's Chrestomathie. Uebersicht der englischen Literatur. Repetition aus der Grammatik. Alle 2 Monate ein Aufsatz und alle 14 Tage ein Exercitium nach Jaep.
Geschichte. 3 St. Neuere Geschichte von 1500 an.
Mathematik. 8 St. Synthetische Geometrie bis zu den Flächen zweiten Grades einschliesslich; die Linien und Flächen zweiten Grades in analytischer Behandlung. — Differential- und Integralrechnung; analytische Mechanik.
Physik. 3 St. Wellenlehre, Akustik, Optik.
Chemie. 2 St. Chemische Technologie.
Arbeiten im chemischen Laboratorium. 2 St. Analysen und Darstellung von Präparaten.
Naturgeschichte. 2 St. Geognosie.
Geometrisches Zeichnen. 2 St. Uebungen in der Constructionslehre, in der Schattenconstruction und in der Perspective. Aufnahme von Modellen.
Freihandzeichnen. 2 St. Nach Gipsmodellen.

2. Unter-Prima (mit einjährigem Cursus).

Religion. 2 St. Heidenthum und Judenthum auf Grundlage der Schriften des alten Testaments. Christus und die Apostel. Geschichte des Christenthums im 1. Jahrhundert, anschliessend an die Schriften des neuen Testaments. Repetition von Kirchenliedern und Psalmen.
Deutsch. 3 St. Lektüre: Mittelhochdeutsche Dichtungen nach Schauenburg und Hoche Thl. I. Goethe's Tasso. Auswahl aus Shakespeare's historischen Stücken. Aeltere Literaturgeschichte bis zum 15. Jahrhundert. Aufsätze und freie Vorträge. Monatlich ein Aufsatz.
Französisch. 4 St. Lektüre: Lanfrey Historie de Napoléon. Daneben Einzelnes aus Herrig's Chrestomathie, namentlich Poetisches. Repetition und Erweiterung schwieriger Abschnitte aus der Grammatik. Alle 2 Monate ein Aufsatz und alle 14 Tage ein Exercitium nach Gerth.
Englisch. 3 St. Lektüre: Macaulay History of England II. Daneben Einzelnes aus Herrig's

Chrestomathie, namentlich Poetisches. Repetitionen aus der Grammatik. Alle 2 Monate ein Aufsatz und alle 14 Tage ein Exercitium nach Jaep.
Geschichte. 3 St. Das Mittelalter.
Mathematik. 8 St. Geometrische und algebraische Uebungen. Erweiterung der Stereometrie. Die Kegelschnitte in synthetischer Behandlung. Anfangsgründe der analytischen Geometrie und der Differentialrechnung.
Physik. 3 St. Elektrodynamik. Kosmische Physik.
Chemi. 2 St. Organische Chemie.
Arbeiten im chemischen Laboratorium. 2 St. Analysen und Darstellung von Präparaten.
Naturgeschichte. 2 St. Oryctognosie.
Geometrisches Zeichnen. 2 St. Konstructionen nach den Methoden der beschreibenden Geometrie.
Freihandzeichnen. 2 St. Nach Gipsmodellen.

3. Ober-Secunda (mit einjährigem Cursus).

Die Klasse ist in 2 Wechsel-Coetus getheilt, von welchen der eine seinen Jahres-Cursus Ostern, der andere Michaelis beginnt.

Religion. 2 St. Geschichte des Volkes Israel von der Theilung des Reiches bis auf Johannes den Täufer. Stellen aus den Propheten, den Lehrdichtern, den Apokryphen. Der Brief Pauli an die Römer.
Deutsch. 3 St. Uebersichtliche Geschichte der deutschen Sprache und ihrer Dialekte. Mittelhochdeutsche Lektüre aus dem Nibelungenliede nebst grammatischen Erörterungen. Lyrische Gedichte, vornehmlich von Goethe und Schiller. Goethe's Iphigenia. Sophokles Elektra und Ajax. Shakespeare's König Johann. — Poetische Lektüre: Goethe's Götz und Egmont. Memoriren und Vortragen von Gedichten. Monatlich ein häuslicher und ein Klassen-Aufsatz. Mündliche Reproduction derselben als Vorbereitung zu freien Vorträgen.
Französisch. 4 St. In dem einen Coetus: Barante Jeanne d'Arc; Scribe Un verre d'eau; im andern Coetus: Thierry Guillaume le conquérant; Arago James Watt. Daneben in beiden Coetus: Einzelnes aus Herrig's Chrestomathie. Grammatik: das Nomen und das Pronomen, Casus der Verben, Infinitiv, Conjunctionen. Exercitien nach Gerth, Extemporalien und Aufsätze. Alle 14 Tage eine häusliche schriftliche Arbeit.
Englisch. 3 St. Lektüre: In dem einen Coetus: Southey Life of Nelson. Dickens A Christmas Carol; im anderen Coetus: Macaulay History of England, das dritte Capitel des ersten Bandes. Ausserdem in beiden Coetus aus Herrig's Chrestomathie. Grammatik nach Behn-Eschenburg: Syntax des Nomens. Exercitien nach Jaep, Extemporalien und Aufsätze. Alle 14 Tage eine häusliche schriftliche Arbeit.
Geschichte und Geographie. 3 St. Die römische Geschichte. Geographie von Europa und Gesammt-Repetition.
Mathematik. 7 St. Trigonometrie. Stereometrie. Algebraische und planimetrische Uebungen.
Physik. 3 St. Vom Gleichgewichte fester Körper. Vom freien Falle. Von den tropfbar flüssigen und den luftförmigen Körpern.
Chemie. Im 1. Sem. 5 St, im 2. Sem. 3 St. Anorganische Chemie.
Naturgeschichte. Im 2. Sem. 2 St. Krystallographie.
Geometrisches Zeichnen. 2 St. Konstruction gradliniger Figuren und Kurven.
Freihandzeichnen. 2 St. Nach Gipsmodellen.

4. Unter-Secunda (mit einjährigem Cursus).

Auch diese Klasse ist in 2 Wechsel-Coetus getheilt, von welchen der eine seinen Jahres-Coetus Ostern, der andere Michaelis beginnt

Religion. 2 St. Das Volk Israel von Josua bis zur Theilung des Reiches. Psalmen und Spruchdichtung. Die Apostelgeschichte und der Brief Jacobi. Die zweite ethische Hälfte einiger paulinischen Briefe.
Deutsch. 3 St. Dichtungsarten. Grundzüge der deutschen Metrik. Lektüre: Goethe's Hermann und Dorothea. Homer in der Vossischen Uebersetzung. Kleinere epische Dichtungen. Schiller's Wallenstein. Memoriren und Vortragen von Gedichten. Monatlich ein häuslicher und ein Klassenaufsatz.

Französisch. 5 St. Lektüre: In dem einen Coetus: Michaud Histoire de la première croisade. Barante Jeanne d'Arc; in dem andern Coetus: Rollin Histoire d'Alexandre le Grand. Choix de nouvelles du 19. siècle. — Repetition und weitere Ausführung der Lehre vom Gebrauch der Tempora und der Modi; ferner Artikel, Adjectiv, Adverb. Exercitien nach Gerth, Extemporalien. Alle 14 Tage eine häusliche schriftliche Arbeit.
Englisch. 4 St. Lektüre aus Herrig First Reading book und Capt. Marryat The Settlers. Grammatik nach Behn-Eschenburg. Erweiterte Formenlehre und Syntax des Verbums. Exercitien nach Jaep und Extemporalien. Alle 14 Tage eine häusliche schriftliche Arbeit.
Geographie und Geschichte. 3 St. Geographie der aussereuropäischen Länder. — Alte Geschichte der orientalischen Völker und der Griechen.
Mathematik. 7 St. Die Gleichungen des ersten und zweiten Grades mit einer und mit mehreren Unbekannten. Die Logarithmen und deren Anwendungen. Planimetrische Uebungen.
Physik. 3 St. Elektricität, Magnetismus und Wärme.
Naturgeschichte. 3 St. Spezielle Botanik und Zoologie. Einleitung in die Anatomie und Physiologie der Pflanzen.
Zeichnen. 2 St. Nach Gipsmodellen.

5. Ober-Tertia (mit halbjährigem Cursus).

Religion. 2 St. Die Evangelien zur Gewinnung eines Charakterbildes Jesu, besonders an die Gleichnisse, die Lehrreden, die Leidensgeschichte angeschlossen. Sprüche und Lieder.
Deutsch. 3 St. Lektüre, vorwiegend prosaische, Schiller's Jungfrau, (Im S. S. Schiller's Tell). Memoriren und Vortragen von Gedichten. Anleitung zur Disposition, freie Aufsätze, Versionen aus dem Französischen zur Bildung des deutschen Styls. Alle 3 Wochen ein häuslicher Aufsatz.
Französisch, 5 St. Lektüre aus Herrig Premières lectures françaises. Grammatik nach Ploetz. Lekt. 39 bis 55. Vocabellernen nach dem Petit vocabulaire. Exercitien nach Gerth. Extemporalien. Alle 14 Tage eine häusliche schriftliche Arbeit.
Englisch. 4 St. Behn-Eschenburg I. Abschnitt. Lektion 26 bis zu Ende. Die unregelmässigen Verba. Lektüre aus dem II. Abschnitte und aus Herrig First Reading book. Vocabellernen. Exercitien und Extemporalien. Alle 14 Tage eine häusliche schriftliche Arbeit.
Geschichte. 4 St. Die deutsche, insbesondere die brandenburgisch-preussische Geschichte von 1500 bis 1815. Repetition der Geographie von Deutschland.
Mathematik. Geometrie 5 St. Die Grössen- und die Formvergleichung der geradlinigen Figuren; der Kreis nach Gallenkamp I. S. 94 bis 123. Arithmetische und algebraische Uebungen nach Gallenkamp I. S. 51 bis 68 und Heis. 2 St.
Physik. 2 St. Einleitung in die Physik. Specifisches Gewicht. Thermometer. Die einfachsten chemischen Erscheinungen.
Naturgeschichte. 3 St. Systematische Zoologie. (Im S. S. Systematische Botanik).
Zeichnen. 2 St. Nach Gipsmodellen.

6. Unter-Tertia (mit halbjährigem Cursus).

Religion. 2 St. Das alte Testament von der Schöpfung bis zur Einnahme Palästinas unter Josua. Sprüche und Lieder.
Deutsch. 4 St. Lektüre epischer Gedichte. Berücksichtigung der Versform und der Dichter. Aufsätze, zum Theil daran anschliessend, zum Theil aus dem eigenen Anschauungs- und Lebenskreise der Schüler. Versionen aus dem Französischen zur Bildung des deutschen Styls. Memoriren und Vortragen von Gedichten. Alle 14 Tage eine häusliche schriftliche Arbeit.
Französisch. 6 St. Lektüre aus Herrig Premières lectures françaises. Grammatik nach Ploetz Schulgrammatik, 3. und 4. Abschnitt. Repetition der unregelmässigen Verba, Vocabellernen nach dem Petit vocabulaire. Wöchentlich eine häusliche schriftliche Arbeit, abwechselnd ein Exercitium und verbesserte Abschrift eines Extemporale.
Englisch. 4 St. Nach Behn-Eschenburg Grammatik 1. Abschnitt bis Seite 69. Wöchentlich eine häusliche Arbeit, abwechselnd ein Exercitium und verbesserte Abschrift eines Extemporale.
Geschichte. 4 St. Die deutsche Geschichte im Mittelalter. Repetition der Geographie von Deutschland.

Mathematik. 7 St. Arithmetik und Algebra. 5 St. Die Rechnungen in algebraischen Zahlen und Potenzen, nach Gallenkamp I. S. 33 bis 51. Uebungen im numerischen Rechnen. Geometrie. 2 St. Aufgaben und Uebungen nach Heiermann Aufgaben-Sammlung I.
Naturgeschichte. 2 St. Systematische Zoologie (Im S. S. Systematische Botanik).
Zeichnen. 2 St. Nach Gips- und Holzmodellen.

7. Ober-Quarta (mit halbjährigem Cursus).

Religion. 2 St. Biblische Geschichte des neuen Testaments. Die Gleichnisse Jesu. Das 4. und 5. Hauptstück. Die sonntäglichen Evangelien. Memorieren von Sprüchen und Kirchenliedern.
Deutsch. 4 St. Lesen und Reproducieren des Gelesenen mit Umbildungen. Memorieren und Vortragen von Gedichten. Aufsätze. Einübung der Interpunktion und der Orthographie. Wöchentlich eine häusliche schriftliche Arbeit, wechselnd ein Aufsatz, eine Uebersetzung aus dem Französischen oder verbesserte Abschrift eines Diktats.
Französisch. 8 St. Ploetz Schulgrammatik, Lektion 12 bis 23 und der daran anschliessenden zusammenhängenden Uebungen. Ergänzung der Lautgesetze. Lektüre aus Herrig Premières lectures françaises. Vocabellernen aus dem Petit vocabulaire 7 bis 11. Repetition der früher erlernten Vocabeln. Wöchentlich eine häusliche schriftliche Arbeit, Exercitium oder Abschrift eines Extemporale.
Geographie. 4 St. Deutschland.
Mathematik und Rechnen. 7 St. Geometrie 4 St. Die Anfangsgründe. Kongruenz der Dreiecke, die Parallelogramme nach Gallenkamp I. S. 71 bis 93. Algebra und Rechnen 3 St. Die Elemente der Arithmetik. Wiederholung und Erweiterung des Pensums der Unter-Quarta nach Gallenkamp I. bis Seite 32. Uebung im Rechnen mit Decimalbrüchen. Die Proportionen und deren Anwendung auf die Rechnungen des bürgerlichen Lebens.
Naturgeschichte. 3 St. Bilder aus der Thierwelt (Im S. S. aus der Pflanzenwelt), zur Erkenntnis der wichtigsten Organe, Formen und Lebensweisen.
Zeichnen. 2 St. Nach Gips- und Drathmodellen.
Schreiben. 2 St. Deutsche und englische Currentschrift. Uebungen im Takt- und Schnellschreiben. Zierschriften.

8. Unter-Quarta (mit halbjährigem Cursus).

Religion. 2 St. Biblische Geschichte des neuen Testaments. Das Thatsächliche aus dem Leben Jesu. Das 4. Hauptstück. Uebersicht des Kirchenjahres. Die sonntäglichen Evangelien. Memorieren von Sprüchen und Kirchenliedern.
Deutsch. 4 St. Lesen und Reproducieren des Gelesenen mit Umbildungen. Memorieren und Vortragen von Gedichten. Aufsätze. Orthographische Uebungen. Wöchentlich eine häusliche schriftliche Arbeit.
Französisch. 8 St. Repetition der regelmässigen Conjugation. Gesetze für die Personal-, die Tempus- und die Modalbezeichnung. Ploetz Schulgrammatik Lekt. 1 bis 11. Die Lautgesetze. Vocabeln nach dem Petit vocabulaire 1 bis 6. Lektüre aus Herrig Premières lectures françaises. Wöchentlich eine häusliche schriftliche Arbeit, Exercitium oder verbesserte Abschrift eines Extemporale.
Geschichte. 4 St. Das Alterthum.
Mathematik und Rechnen. 7 St. Die Elemente der Arithmetik nach Gallenkamp I. bis S. 20. Uebung im Rechnen, namentlich in gemeinen und Decimalbrüchen und in der Regeldetri, schriftlich und im Kopfe, mit Einübung der neuen Maasse und Gewichte.
Naturgeschichte. 3 St. Bilder aus der Thierwelt, im S. S. aus der Pflanzenwelt, zur Erkenntnis der wichtigsten Organe, Formen und Lebensweisen.
Zeichnen. 2 St. Nach Holz- und Drathmodellen.
Schreiben. 2 St. Deutsche und englische Currentschrift, Uebungen im Takt- und Schnellschreiben. Zierschriften.

9. Quinta[1]) (mit einjährigem Cursus).

Religion. 3 St. Biblische Geschichte des alten Testaments von der Zeit der Richter an in einer Auswahl des Wichtigeren nach Preuss, und zwar in der unteren Abtheilung aus Nr. 41 bis 60, in der oberen aus der Apostelgeschichte. Das zweite und dritte Hauptstück, jenes in der unteren, dieses in der oberen Abtheilung. Einzelne Psalmen, Sprüche und Kirchenlieder werden memoriert.

Deutsch. 4 St. Lesen, Sprechen, Erzählen, Schreiben. Reproduktion des Gelesenen und des vom Lehrer frei Erzählten. Wiederholung der Rektion der Präpositionen. Memorieren von Gedichten. Kleine Aufsätze. Diktate zur Einübung der Othographie und der Interpunktion. Wöchentlich eine häusliche schriftliche Arbeit.

Französisch. 8 St. Ploetz Elementarbuch. Lekt. 51 bis zu Ende. In der unteren Abtheilung: Einübung der regelmässigen Conjugation, die Zahlwörter und der Theilungsartikel. Wiederholung der Pronomina mit Ausnahme der persönlichen; in der oberen Abtheilung: Befestigung des Pensums der unteren Abtheilung, die persönlichen Fürwörter; das Part. passé, einige unregelmässige Verba; kleine Lesestücke. Der einfache Satz; attributive und adverbiale Bestimmungen; die einfachsten Formen des zusammengesetzten Satzes. Vocabellernen nach dem Petit vocabulaire. Wöchentlich 1 bis 2 häusliche Arbeiten.

Geographie. 3 St. Amerika und Europa.

Rechnen. 6 St. Das Rechnen mit Brüchen, unbenannten und benannten, schriftlich und im Kopfe. — Regeldetri — Decimalbrüche im Anschluss an die neuen Maasse und Gewichte. — Wöchentlich 2 häusliche Arbeiten.

Schreiben. 4 St. Deutsche und englische Currentschrift. Uebungen im Takt- und Schnellschreiben.

Zeichnen. 2 St. Nach einfachen grossen Vorbildern in geraden und krummen Linien.

Sexta[1]) (mit einjährigem Cursus).

Religion. 3 St. Biblische Geschichte des alten Testaments bis zur Eroberung des Landes Kanaan, und zwar in der unteren Abtheilung die Geschichte der Patriarchen (Preuss 1 bis 23) in der oberen Abtheilung von Moses an (Preuss 24 bis 40). Wöchentlich einmal Lektüre aus dem neuen Testament; in der unteren Abtheilung aus dem Evangelium Matthäi, in der oberen aus dem Evangelium Marci. — Das erste Hauptstück, in der unteren Abtheilung die 4 ersten Gebote, in der oberen die 6 letzten. — Bibelsprüche und Kirchenlieder werden memoriert.

Deutsch. 4 St. Lesen, Sprechen, Erzählen, Schreiben. Reproduktion des Gelesenen und des vom Lehrer frei Erzählten. Orthographische Uebungen. Die Präpositionen und ihre Rektion. Wöchentlich eine häusliche schriftliche Arbeit.

Französisch. 8 St. Nach Ploetz Elementarbuch. Lektion 1 bis 50 und eine Conjugation (die vierte); in der unteren Abtheilung Lekt. 1 bis 30 und das ganze Hülfsverb; in der oberen Abtheilung Befestigung des Vorigen; Lektion 30 bis 50 und vendre. Der einfache Satz, die Redetheile, Substantiv, Adverb, Artikel, Adjectiv, die Pronomina (von den persönlichen nur der Nominativ); Congruenz des adjectivischen Attributes mit dem Substantiv. In beiden Abtheilungen werden die in den Lese- und Uebungsstücken vorkommenden Vocabeln genau memoriert, in der oberen ausserdem Vocabeln aus dem Petit vocabulaire gelernt. Wöchentlich zwei häusliche schriftliche Arbeiten.

Geographie. 3. St. Der Globus; die Karte. — Die Oceane, Australien, Afrika, Asien, Amerika.

Rechnen. 6 St. Rechnen in ganzen Zahlen, unbenannten und benannten, schriftlich und im Kopfe. Regeldetri. Anfang des Rechnens mit Decimalbrüchen im Anschluss an die neuen Maasse und Gewichte. — Wöchentlich 2 häusliche Arbeiten.

Zeichnen. 2 St. Nach einfachen grossen Vorbildern in geraden und krummen Linien.

Schreiben. 4 St. Deutsche und englische Currentschrift. Uebungen im Takt- und Schnellschreiben.

---

[1]) Diese Klassen sind in 2 subordinirte Coetus getheilt.

Vertheilung des Unterrichts unter die

Namen der Lehrer.	Ordinarius.	Prima. Ober-	Prima. Unter-	Ober-Secunda. A.	Ober-Secunda. B.	Unter-Secunda. A.	Unter-Secunda. B.
Director Gallenkamp.		4 Mathematik	4 Mathematik				7 Mathemat
Oberlehrer.							
1. Professor Roeber.	Ob I.	4 Mathematik 3 Physik	4 Mathematik 3 Physik	7 Mathematik			
2. Professor Dr. v. Kloeden.				3 Geographie			2 Geograph
3. Dr. Böchmann, Beurlaubt.							
4. Professor Dr. Müller.	U. I.	2 Religion 3 Deutsch 3 Geschichte	2 Religion 3 Deutsch 3 Geschichte	2 Religion 3 Deutsch		3 Geschichte	
5. Dr. Roethig.	Ob. III A				7 Mathematik	7 Mathematik	
6. Professor Dr. Rüdorff.	Ob. II B.	2 Chemie 2 Laborator. 2 Naturgesch.	2 Chemie 2 Laborator. 2 Naturgesch.	3 Chemie 2 Naturgesch.	5 Chemie		
7. Dr. Kotelmann.	U. IV A.						
8. Dr. Liebe.						3 Naturgesch.	3 Naturge
9. Dr. Zermelo.					3 Deutsch 3 Geschichte	3 Deutsch	3 Deutsch
10. Dr. Ziepel.	Ob. II A.	4 Französisch 3 Englisch	4 Französisch 3 Englisch	4 Französisch 3 Englisch			
Ordentliche Lehrer.							
1. Dr. Goepel.	Ob. IV B.						
2. Hempel.	Ob. III B.			3 Physik	3 Physik	3 Physik	3 Physik
3. Niele.	U. III A.				4 Französisch 3 Englisch		
4. Günther.	V B.						
5. Uhlbach.	V A.			2 Religion	2 Religion	2 Religion
6. Dr. Biermann.	U. III B.						
7. Dr. Hutt.							
8. Dr. Kunth. Zur Armee einberufen, verwundet und an seinen Wunden gestorben.							
9. Dr. Paetz.	U. II A.					4 Französisch 4 Englisch	
10. Dr. Grube. Zur Armee einberufen.							
Wissenschaftliche Hülfslehrer.							
1. Dr. Althaus.	VI A.						
2. Candidat Blase.	U. IV B.						
3. Dr. Rauch.	U. II B.						5 Französisch 4 Englisch
4. Dr. Jung, resp. Dr. Nauhaus.							
5. Dr. Zelle.	VI B.						
6. Candidat Dr. Mayer.	Ob. IV A						
7. Dr. Stroetzel.							
8. Candidat F. Meyer.							
9. Candidat Hilter.							
Technische Lehrer.							
1. Zeichenlehr. Prof. Elchens.		2 Freihdzchn.	2 Freihdzchn.	2 Freihdzchn.	2 Freihdzchn.	2 Zeichnen	2 Zeichnen
2. Schreiblehrer Naven.							
3. Zeichenlehrer Poekh.		2 Geom. Zchn.	2 Geom. Zchn.	2 Geom. Zchn.	2 Geom. Zchn.		
4. Gesanglehrer Rode.							
5. Turnlehrer Auerbach.							

Lehrer im Winter-Semester 1870/71.

	Ober-Tertia		Unter-Tertia		Ober-Quarta		Unter-Quarta		Quinta		Sexta		Summa
	A.	B.	A.	B.	A.	B.	A.	B.	A.	B.	A.	B.	
													15
													21
					4 Geogr.	4 Geogr.			3 Geogr.	3 Geogr.			20
													24
Mathem.													21
													22
					4 Deutsch 4 Gesch.		4 Deutsch 5 Franz.						20
		3 Naturg.		3 Naturg.		3 Naturg		3 Naturg.					18
Gesch.		4 Gesch.											20
													21
					4 Deutsch 5 Franz.	4 Gesch.	4 Gesch.						20
	7 Mathem. 2 Physik												23
Gesch.			6 Franz. 4 Englisch	4 Englisch									21
									3 Religion 4 Deutsch 5 Franz.	6 Rechnen			21
		3 Religion							3 Religion 4 Deutsch 5 Franz.				23
				7 Mathem.	7 Mathem.		7 Mathem.						21
			7 Mathem.		7 Mathem.			6 Rechnen					20
		6 Franz. 4 Englisch 4 Gesch.											22
										4 Deutsch 5 Franz.	4 Deutsch 5 Franz.		24
						4 Deutsch 5 Franz.							19
Englisch				6 Franz.									24
Naturg.			3 Naturg.	3 Naturg.		3 Naturg.							12
						2 Religion	2 Religion	2 Religion				3 Religion 3 Geogr. 4 Rechnen	18
	3 Deutsch			4 Deutsch 5 Franz.					2 Geogr.				18
Religion Deutsch			3 Religion 4 Deutsch	2 Religion	2 Religion				2 Religion				8
													10
						7 Mathem.		6 Rechnen					13
Zeichnen	2 Zeichnen	2 Zeichnen	2 Zeichnen										20
				2 Schreib.	2 Schreib.	2 Schreib.	2 Schreib.	4 Schreib.	4 Schreib.	4 Schreib.	4 Schreib.		24
				2 Zeichnen	2 Zeichnen	2 Zeichnen	2 Zeichnen	2 Zeichnen	2 Zeichnen	2 Zeichnen	2 Zeichnen		24
													16
													8
													8
	32	32	32	32	32	32	32	32	30	30	30	30	612

Uebersicht der Lehrverfassung.

Lehrgegenstände.	O.I.U.I.	O II.L.	U.II.A.	U.II.B.	O.III.A.	O.III.B.	U.III.A.	U.III.B.	O.IV.A.	O.IV.B.	U.IV.A.	U.IV.B.	V.	VI.A.	VI.B.	Summa.
Religion	2	2	2	2	2	2	2	2	2	2	2	2	3	3	3	40
Deutsch	3	3	3	3	3	3	3	4	4	4	4	4	4	4	4	64
Französisch	4	4	4	4	5	5	5	6	6	8	8	8	8	8	8	112
Englisch	3	3	3	3	4	4	4	4	4	—	—	—	—	—	—	36
Geographie	—	—	3	—	—	3	—	—	—	4	4	—	3	3	3	26
Geschichte	3	3	—	3	3	—	4	4	4	—	—	4	4	—	—	36
Reine und angewandte Mathematik und Rechnen	8	8	7	7	7	7	7	7	7	7	7	7	6	6	6	124
Physik	3	3	3	3	3	3	2	2	—	—	—	—	—	—	—	22
Chemie	2	2	3	5	—	—	—	—	—	—	—	—	—	—	—	12
Chem. Arbeiten im Labor.	2	2	—	—	—	—	—	—	—	—	—	—	—	—	—	4
Naturgeschichte	2	2	3	—	3	3	3	3	3	3	3	3	—	—	—	36
Schreiben	—	—	—	—	—	—	—	—	2	2	2	2	4	4	4	24
Freihandzeichnen	2	2	2	2	2	2	2	2	2	2	2	2	2	2	2	36
Geometrisches Zeichnen	2	2	2	2	—	—	—	—	—	—	—	—	—	—	—	8
Gesang	in 8 Abtheilungen															14
Turnen	in 8 Abtheilungen															16
Summa:	36	36	34	34	32	32	32	32	32	32	32	32	30	30	30	610

Facultativer Unterricht.

Naturgeschichte. In I. und Ober-II. 2 St. Im Sommer: Unterweisung im Gebrauche des Mikroskops mit besonderer Rücksicht auf Pflanzen-Anatomie und Physiologie. Im Winter: Die Elemente der menschlichen Anatomie in Verbindung mit vergleichender Osteologie des Thierreichs.
Schreiben. In den oberen Klassen, von Unter-Tertia aufwärts. 2 St.

Gesang-Unterricht.

Die Schüler waren für den Gesang-Unterricht im Sommer- und Winter-Semester in 8 Abtheilungen getheilt. Ausser der 2. Abtheilung, die eine Stunde in der Woche erhielt, hatten alle anderen Abtheilungen im S.- und W.-Semester wöchentlich 2 Stunden. In der Chorklasse hatte jede Stimme wöchentlich 1 Uebungsstunde und der ganze Chor 1 Chorstunde.

Die 8. und 7. Abtheilung bestand aus Schülern der Sexta B und A. Es wurde in beiden Abtheilungen mit den Elementen der Musik, Stimm- und Tonbildung bei deutlicher Vocalisation und Textaussprache, Notenkenntnis, Durleitern und Treffübungen begonnen, demnächst zu einstimmigen Chorälen, Liedern und Volksweisen übergegangen.

Die 6. und 5. Abtheilung bestand aus Schülern der Quinta B und Quinta A.
Die beiden Coetus der Unter-Quarta bildeten die 4. Abtheilung.

Bei weiterer, stufenmässiger Entwickelung und Ausbildung des Stimmorgans wurden in diesen 3 Abtheilungen zur Kräftigung und Festigung desselben Uebungen und Scalen auf abwechselnder Tonica gesungen und Choräle, Lieder, Motetten ein- und zweistimmig geübt. Vor Einstudirung der Lieder erfolgte die Erklärung des Textes.

Die 3. Abtheilung, welche in beiden Semestern aus Schülern von Unter-Secunda B abwärts bis zur Ober-Quarta B zusammengesetzt war, übte die Moll-Leiter, sang dreistimmige Uebungen, Choräle, Lieder und Motetten a Capella und auch mit Flügelbegleitung.

In der zweiten Abtheilung wurden Tenor und Bass für die Chorklasse herangebildet. Die Schüler dieser Abtheilung gehörten den Klassen von Ober-Secunda A abwärts bis Ober-Quarta B an.

Die 1. Abtheilung, Chorklasse, aus Sängern aller Klassen bestehend, übte a Capella und abwechselnd auch mit Flügelbegleitung vierstimmige Choräle, Chorlieder, Motetten, Hymnen, Psalme, Cantaten für gemischten Chor und auch Männer-Chöre von alten Meistern und neueren Componisten.

Ausserdem wurden in allen Abtheilungen Volks- und Turnlieder unisono gesungen und Text und Melodie memoriert.

Dispensiert waren im S.-S. 75, im W.-S. 100 Schüler.

Eingeführt ist Th. Rode's Gesangschule, bestehend aus den Leitfäden 1—4 für 1-, 2-, 3- und 4 stimmigem Gesang.

Turn-Unterricht.

Der Turn-Unterricht wurde in 16 Stunden in der Turnhalle resp. auf dem Turnplatze beim Cölnischen Gymnasium ertheilt; jeder turnende Schüler hatte 2 Turnstunden; 2 Stunden wurden zur Ausbildung von Vorturnern verwandt. Es waren gegen 20 pCt. der Schüler dispensiert, und zwar 10 pCt. auf Grund ärztlicher Atteste, die übrigen aus anderen Gründen, vorzugsweise wegen der weiten Entfernung ihrer Wohnungen vom Turnlokale.

Themata der im letzten Schuljahre in Prima und Secunda gelieferten Aufsätze.

Ober-Prima. a. Deutsch. 1. Rede, enthaltend Aufforderung zur Begründung eines wissenschaftlichen Vereins zur Pflege deutscher Sprache und Literatur. 2. Rede bei Gelegenheit der Einweihung des Denkmals Friedrich Wilhelms III. 3. Ein Vortrag nach freier Wahl, nach vorhergehender Besprechung mit den einzelnen Schülern. 4. Ans Vaterland, ans theure, schliess' dich an; das halte fest mit deinem ganzen Herzen; hier sind die starken Wurzeln deiner Kraft. 5. Arbeit ist des Blutes Balsam, Arbeit ist der Tugend Quell. 6. Den Zufall giebt die Vorsehung — zum Zweck muss ihn der Mensch gestalten. 7. Ueber Wahrhaftigkeit. 8. Sittliche Würdigung des Krieges. 9. Ein Vortrag nach freier Wahl. 10. Die erste schlesische Dichterschule. 11. Ueber Nationalität. 12. Die inneren Gründe des Verfalls und Untergangs einst mächtiger Staaten. — b. Französisch. 1. De la chaleur latente. 2. Thème français à choix libre. 3. La Prusse au commencement de 1813. 4. Les guerres entre Charles-Quint et François I. 5. Monime (d'après Racine). 6. L'anneau de Polycrate. 7. L'assassinat de César. — c. Englisch. 1. Parallels between the expositions of several dramatical pieces. 2. Contents of the two first acts of Macbeth. 3. Description of the battle between King Duncan and the rebel army as given by Shakespeare. 4. Chaucer the Father of English Poetry. 5. Dr. Marthin Luther's Life. 6. The Ghost's appearance in Hamlet. 7. The Diver. 8. Joan of Arc, the Maid of Orleans.

Unter-Prima. a. Deutsch. 1. „Der verdient zu haben, der kühn und sicher zu erlangen weiss" (Shakespeare), die Wahrheit dieser Worte und die Gefahr derselben. 2. Die Reformationszeit. 3. Ein Charakterbild aus der Reformationszeit. 4. Ein Thema nach freier Wahl. 5. Ueber die Bedeutung des Krieges in der Weltgeschichte. 6. Die Oertlichkeit in Goethe's Hermann und Dorothea und in Voss' Luise. 8. Die Nemesis in den Shakespeare'schen Königsdramen. 9. Warum bezeichnet man Goethe's Hermann und Dorothea als Epos und Voss' Luise als Idyll? 10. Ein Thema nach freier Wahl. b. Französisch. 1. Jeunesse de Napoléon. 2. Partage de la Terre. 3. Les fleuves de la France. 4. Une journée de victoire à Berlin. 5. Soumission du Piémont. 6. Frédéric Guillaume le Grand Electeur. 7. Prise de Magdebourg par Tilly. 8. Guillaume III, Roi d'Angleterre. 9. La Paix. c. Englisch. 1. Dragoons and Dragonades. 2. King Monmouth. 3. Eve of a Battle. 4. William Tell. 5. Henry Bolingbroke and King Richard II.

Ober-Secunda A. a. Deutsch. Nicht für die Schule, sondern für das Leben soll man lernen. 2. Wer nicht vorwärts kommt, geht zurück. 3. Der Mensch im Kampfe mit der Natur.

4. Inhaltsangabe von Sophokles' Elektra. 5. Ueber das Studium der Naturwissenschaft. 6. Inhaltsangabe von Goethe's Egmont. 7. Charakteristik des Götz. 8. Welche Kriege sind verwerflich, welche ehrenvoll? 9. Wer am Wege baut, hat Meister (Chrie). 10. Ein unnütz Leben ist ein früher Tod. 11. Eile mit Weile (Chrie). 12. Der Hexameter. 13. Inhaltsangabe des dritten Actes von Goethe's Iphigenie. 14. Der Sieg der Wahrheit in Goethe's Iphigenie. 15. Die goldene Mittelstrasse nach dem Schema der Chrie. b. Französisch. 1. Pierre l'Ermite. 2. Expédition d'Annibal. 3. Analyse du 3me acte du Verre d'eau.

Ober-Secunda B. 1. Die Befreiung des Orest von den Furien (3. Act von Goethe's Iphigenie). 2. Das Leben ist der Güter höchstes nicht. 3. Wodurch verschuldet Egmont in dem gleichnamigen Trauerspiel von Goethe seinen Untergang? 4. Ueber Goethe's Egmont nach Schiller's Recension. 5. Arbeit ist des Blutes Balsam, Arbeit ist der Tugend Quell. 6. Das Wesen und der Unterschied der schönen Künste. 7. Mein künftiger Beruf. 8. Noth bricht Eisen. 9. Aias und Odysseus. 10. Scipio Africanus Major und Marcus Porcius Cato. Vergleichende Characteristik. 11. Die Flotte Englands und das Jahr 1685. 12. Süss und geziemend ist's für's Vaterland zu sterben. 13. Ueber Uhland's Märchen. 14. Das Studium der Weltgeschichte nach Schiller.

Unter-Secunda A. 1. Ideengang von Schiller's Glocke. 2. Die Reise des Telemach. 3. Erwachen der Natur im Frühling. 4. Charakteristik des Odysseus. 5. Das Concil von Clermont. 6. Eine Allegorie. 7. Der Abend. 8. Der reiche Freund. 9. Ein jeder Stand hat seinen Frieden. 10. Gott verlässt keinen Deutschen. 11. Ueber Goethe's Gedicht „Zueignung". 12. Weihnachten im Felde. 13. Gebraucht der Zeit, sie geht so schnell von hinnen, doch Ordnung lehrt euch Zeit gewinnen. 14. Uebersetzung aus The settlers. 15. Charakterbild des Cid nach Herder. 16. Glück und Verdienst.

Unter-Secunda B. 1. Auf wiederholte Streiche fällt die stärkste Eiche. 2. Ueber Fussreisen. 3. Die Kampfweise der Homerischen Griechen. 4. Der Muthige und der Tollkühne. 5. Der Wahlspruch des deutschen Turners. 6. Die Kriegspflichten der Heimgebliebenen. 7. Athen zur Zeit des Perikles. 8. Klage der Ceres. 9. Uebersetzung aus dem Französischen, nach Emil Souvertn. 10. Die Wahl des Berufes. 11. Krieg und Frieden. 12. Uebersetzung aus Rollin Alexandre le Grand. 13. Zwei vergleichende Charakterschilderungen. 14. Lügen haben kurze Beine. 15. Charakter der Eltern Hermann's in Goethe's Hermann und Dorothea. 17. Der Mensch im Kampfe mit Anderen und mit sich.

Die Themata der schriftlichen Abiturienten-Prüfungen waren:

I. Bei der ausserordentlichen Prüfung im August 1870:

1. Ans Vaterland, ans theure schliess dich an; das halte fest mit deinem ganzen Herzen; hier sind die starken Wurzeln deiner Kraft. 2. La Presse au commencement de 1813. 3. Ein englisches Exercitium. 4. a) Von einer Hyperbel sind 3 Punkte und die Richtungen der beiden Asymptoten gegeben, es sollen andere Punkte der Hyperbel und Tangenten derselben konstruirt werden, namentlich auch die Asymptoten selbst und die Scheitelpunkte. b) Eine Kegelfläche II. Ordnung zu konstruiren, von welcher gegeben sind 2 Strahlen a und b, die sich nicht schneiden, und entweder 3 beliebige ausserhalb a und b liegende Punkte oder 3 nicht durch a und b gehende Berührungsebenen. c) Welches Gesetz befolgen die Polaren eines gegebenen Kegelschnittes in Bezug auf einen andern gegebenen Kegelschnitt? 5. Die Elongation eines Secundenpendels sei 1° und die von der Ruhelage abwärts gerichtete Winkelgeschwindigkeit sei 3°; die Elongation und die Winkelgeschwindigkeit unter der Annahme zu bestimmen, dass die Pendelbewegung unendlich klein sei. 6. Das Eisen.

II. Im Michaelis-Termine 1870:

1. Arbeit ist des Blutes Balsam, Arbeit ist der Tugend Quell. 2. Ein französisches Exercitium. 3. Description of the battle between King Duncan and the rebel army as given by Shakespeare. 4. a) Die wichtigsten Entstehungsarten, Formen und Eigenschaften der Regelflächen II. Ordnung sind synthetisch zu entwickeln. b) Die Gleichungen der auf ihre Axen bezogenen Regelflächen II. Ordnung sind anzugeben und daraus ihre wichtigsten Eigenschaften analytisch zu entwickeln. c) Es sind 4 grade Linien im Raume gegeben, von denen nicht 2 einen Punkt gemein haben; es ist eine Grade zu konstruiren, welche die vier gegebenen Graden schneidet. d) Die Determinante

$$\begin{vmatrix} z & a_{12} & a_{13} & a_{14} \\ a_{21} & z & a_{23} & a_{24} \\ a_{31} & a_{32} & z & a_{34} \\ a_{41} & a_{42} & a_{43} & z \end{vmatrix}$$

lässt sich in dem Falle, dass $a_{rs} = -a_{sr}$ ist, auf die Form

$$z^4 + z^2(a_{12}^2 + a_{13}^2 + a_{14}^2 + a_{23}^2 + a_{24}^2 + a_{34}^2) + (a_{12}a_{34} - a_{13}a_{24} + a_{14}a_{23})^2$$

bringen. Diese Umformung ist auszuführen. 5. Theorie der Luftschwingungen in prismatischen oder cylindrischen Röhren. 6. Ueber die wichtigsten Verbindungen der Kalkerde.

III. Im Oster-Termine 1871:

1. Die inneren Gründe des Verfalles und des Unterganges einst mächtiger Staaten. 2. Ein französisches Exercitium. 3. Joan of Arc the Maid of Orleans. 4. a) Eine Curve zweiter Ordnung und zwei dieselbe schneidende Grade, welche weder mit einander noch mit jener Curve in einer Ebene liegen, sind gegeben; eine dritte Grade bewegt sich längs dieser 3 Linien, welche Fläche erzeugt sie? b) Es sind in einer Ebene 2 feste Grade K und L und ein Punkt ϵ gegeben; ausserdem 2 Richtungen M und N; durch den Punkt ϵ wird eine bewegliche Grade gezogen, welche die Graden K und L in x und λ schneidet, durch x wird eine Grade parallel M, durch λ eine solche parallel N gezogen, welches ist der geometrische Ort des Durchschnittspunktes dieser beiden letzten Linien? Es wird anheim gegeben, die Aufgabe nach analytischer oder nach synthetischer Methode oder auch nach beiden zu behandeln. c) Eine Curve zweiter Ordnung ist durch 5 Tangenten gegeben; zu einer in ihrer Ebene gegebenen Graden den Pol zu konstruieren. d) Es ist zu beweisen, dass die einer gegebenen Determinante n^{ter} Ordnung adjungierte Determinante gleich der $(n-1)^{ten}$ Potenz der ersten Determinante ist. 5. In einem Versuche von Kundt wurden in einer Staubwellenröhre durch den dritten Longitudinalton eines Glasstabes von $1,5^m$ Länge bei $100,0^o$ C Luftschwingungen erregt, deren halbe Wellenlänge $35,001^{mm}$ betrug. Es sei die Schnellgeschwindigkeit der Luft in der Röhre bei 0° C 332_0^m, der Wärme-Ausdehnungs-Coefficient der Luft $0,00366$, das spec. Gewicht des Glasstabes $2,5$, die Schwere $9,818^m$. Wie gross ist der Elasticitätsmodul des Glases? Wie gross ist die Länge der halben Luftwellen, wenn statt des erregenden Glasstabes ein den Grundton gebender Stahlstab von 1^m Länge, dem spec. Gewicht $7,8$ und dem Elasticitätsmodul 21000 Kgr. per $\square^{mm}$ angewandt wird? Die musikalische Tonhöhe für beide Fälle anzugeben, wenn $a = 440$ Schwingungen ist. — 6. Der Phosphor und seine Verbindungen.

Uebersicht über die eingeführten Schulbücher.

Religion. Ausser Bibel und Gesangbuch: Preuss. biblische Geschichten. Luther's Katechismus.
Deutsch. Schauenburg u. Hoche, Lesebuch I. Echtermeyer, Auswahl deutscher Gedichte. Colshorn und Goedeke, Deutsches Lesebuch I. II. III.
Französisch. Herrig, La France littéraire. Herrig, Premières Lectures françaises. Ploetz, Schulgrammatik, Elementarbuch und Petit vocabulaire. Gerth, Aufgaben zum Uebersetzen aus dem Deutschen ins Französische. Schriftsteller, semesterweise wechselnd. Ein Lexicon.
Englisch. Herrig, The British Classical Authors. Herrig, First Reading book. Bohn-Eschenburg, Grammatik. Jaep, England. Schriftsteller, semesterweise wechselnd. Ein Lexicon.
Geographie. Kloeden, Lehrbuch. Kloeden, Leitfaden. Ein Atlas (Sydow, Lange, Adami-Kiepert).
Geschichte. Müller, Abriss der Weltgeschichte. I. Müller, Deutsche Geschichte. Cauer, Tabellen.
Mathematik. Gallenkamp, Elemente der Mathematik I. II. III. Gallenkamp, trigonometrische Aufgaben. Heis, algebraische Aufgaben. Heilermann, Geometrische Aufgaben. Vega, Logarithmentafel.
Chemie. Rüdorff, Chemie. Deicke, Aufgaben.
Naturgeschichte. Schilling, Leitfaden I. Garcke, Flora von Nord- und Mittel-Deutschland. Liebe, Grundriss der speziellen Botanik. Liebe, Morphologie.

B. Verordnungen der Behörden von allgemeinem Interesse.

1. Königliches Unterrichts-Ministerium, 19. Juli 1870. Von mehreren Seiten ist mir der dringende Wunsch zu erkennen gegeben, dass denjenigen der Prima im vierten Semester angehörenden Gymnasiasten, welche in Folge der gegenwärtig angeordneten Mobilmachung der Armee in letztere eintreten wollen oder müssen, die Möglichkeit gewährt werde, vorher noch die Abiturientenprüfung zu absolviren. Demzufolge, sowie mit besonderer Rücksicht auf die gegenwärtigen ausserordentlichen Umstände, welche den schleunigsten Eintritt unserer kampflustigen Jünglinge in das Heer wünschenswerth erscheinen lassen, fordere ich die Königlichen Provinzial-Schul-Collegien hiermit auf, Angesichts dieses die Direktoren sämmtlicher Gymnasien und Realschulen Ihres Ressorts anzuweisen, mit den Primanern der Eingangs bezeichneten Kategorie, welche sich entweder über ihre Verpflichtung zum Eintritt in die Armee durch die bezüglichen Militairpapiere ausweisen oder die Zustimmung ihrer

Väter resp. Vormünder zu ihrem freiwilligen Eintritt beibringen, sogleich oder doch unmittelbar nach dem Schluss der gegenwärtigen Ferien, die mündliche Abiturientenprüfung abzuhalten. Genügen sie in derselben den Anforderungen des Reglements, so soll ihnen sofort das Maturitäts-Zeugnis ausgefertigt und eingehändigt werden, da nicht anzunehmen ist, dass diese Jünglinge unter den gegenwärtigen Zeitverhältnissen im Stande sein würden, die zur Anfertigung der reglementsmässigen schriftlichen Prüfungsarbeiten unerlässliche Sammlung des Geistes zu erlangen. Den auf Grund dieses Erlasses ausgefertigten Maturitäts-Zeugnissen ist eine Abschrift desselben beizuheften.

Der Theilnahme der Departementsräthe an den vorgedachten mündlichen Prüfungen bedarf es nicht. Dagegen sind die am Schulort wohnhaften Königlichen Compatronats-Commissarien einzuladen der Prüfung beizuwohnen und die Zeugnisse mitzuvollziehen.

Nach einigen Wochen wünsche ich ein Verzeichnis der in der vorgeschriebenen Weise geprüften und mit dem Maturitäts-Zeugnis entlassenen Primaner, mit Angabe der Namen, des Lebensalters, des Standes der Väter und ob der Eintritt in das Heer freiwillig oder in Folge einer Einberufung erfolgt ist, zu erhalten.

2. Königliches Unterrichts-Ministerium, 25. Juli 1870. Nachdem durch die Circular-Verfügung vom 19. d. Mts. eine beschleunigte und abgekürzte Abiturientenprüfung für diejenigen jungen Leute, welche der Prima eines Gymnasiums und einer Realschule im 4. Semester angehören und jetzt in die Armee eintreten wollen oder müssen, angeordnet worden, ist mir von vielen Seiten der Wunsch ausgedrückt, eine entsprechende Berücksichtigung auch solchen Primanern zu Theil werden zu lassen, welche erst im dritten Semester stehen. In Hinblick auf die ausserordentlichen Zeitumstände will ich die in dieser Beziehung gestellten Anträge genehmigen, und ermächtige die Königlichen Provinzial-Schulcollegien allgemein, von den der Prima eines Gymnasiums oder einer Realschule im dritten Semester angehörenden Schülern, nicht nur die, welche das militairpflichtige Alter erreicht haben, oder welche sich ganz der militairischen Laufbahn widmen wollen, sondern auch alle diejenigen zu einer Maturitätsprüfung baldigst zuzulassen, welche die Absicht haben, mit Genehmigung ihrer Eltern bei der gegenwärtigen Mobilmachung in die Armee einzutreten.

Ein Erlass der schriftlichen Prüfung kann jedoch in diesem Falle nicht stattfinden; die mündliche ist aber in möglichst kurzer Frist nach der schriftlichen abzuhalten.

Im Uebrigen gelten, was die Anwesenheit eines Commissarius bei der mündlichen Prüfung, die Ausfertigung der Zeugnisse und die darüber zu erstattenden Berichte betrifft, für diese anticipirte Maturitätsprüfung dieselben Bestimmungen, welche in der Circular-Verfügung vom 19. d. Mts. darüber gegeben sind.

Die Directoren der Gymnasien und Realschulen sind hiernach schleunigst mit Anweisung zu versehen.

3. Magistrat, vom 31. Juli 1870. Die Stadtverordneten-Versammlung hat sich (durch Beschluss vom 28. Juli) mit dem Antrage des Magistrats einverstanden erklärt, dass bei der Besoldung der zur Armee einberufenen Lehrer der hiesigen höheren Lehranstalten städtischen Patronats nach folgenden Grundsätzen verfahren werde:
    a. Von dem pro III. Quartal gezahlten Gehalte wird nichts nachträglich abgezogen; die etwaige Kürzung der Civil-Besoldung tritt erst bei der Gehaltszahlung pro IV. Quartal ein.
    b. Den zur Armee einberufenen Lehrern, darf es beanspruchen, darf das Gehalt pro IV. Quartal so weit es ihnen nach dem Staats-Ministerial-Beschluss vom $\frac{\text{16. August 1850}}{\text{4. März 1864}}$ zusteht, vorschussweise gezahlt werden.
    c. Den ausserordentlichen Lehrern, welche postnumerando bezahlt werden, wird nicht blos das Honorar für die bereits ertheilten Stunden, sondern das ganze Honorar, welches ihnen für das dritte Quartal in Aussicht stand, und zwar sofort gezahlt.
    d. Die Verwaltung ist ermächtigt, für jede durch die zur Armee einberufenen Lehrern veranlasste Vertretungsstunde 15 Sgr. zu zahlen und die so gemachten Aufwendungen werden als dem Vertretungsstunden-Fonds der betreffenden Anstalten ausserordentlicher Weise bewilligt angesehen.

4. Durch spätere Communalbeschlüsse ist festgestellt worden, dass auch pro IV. Quartal 1870 und pro I. Quartal 1871 von den auf Grund der sub 3a allegirten Staatsministerial-Beschlüsse zulässigen Gehaltsabzügen bei den zur Armee einberufenen Lehrern der höheren Lehr-Anstalten Abstand genommen ist, und dass ihnen ihre Besoldungen voll ausgezahlt worden sind.

6. P.-S.-C., vom 3. Januar 1871. Die Ferien für das Jahr 1870 sind folgendermassen festgesetzt:

Oster-Ferien. Schulschluss: 5. April. Schulanfang: 20. April.
Pfingst-Ferien. Schulschluss: 26. Mai. Schulanfang: 1. Juni.
Sommer-Ferien. Schulschluss: 1. Juli. Schulanfang: 31. Juli.
Michaelis-Ferien. Schulschluss: 30. September. Schulanfang: 16. October.
Weihnachts-Ferien. Schulschluss: 20. Dezember. Schulanfang: 4. Januar 1872.

C. Chronik und Statistik der Anstalt.

I. Die Schule.

Die durch die Verlängerung der Cursusdauer der Sexta und Quinta auf je 1 Jahr veranlassten Aenderungen in der Abmessung der Lehrpensa sind zur vollen Durchführung gelangt.

Die Schule ist durch den vaterländischen Krieg tief erregt worden; sie ist nach Kräften bemüht gewesen, ihr Friedenswerk zu thun.

II. Die Lehrer.

Der Oberlehrer Dr. Rüdorff ist durch Verleihung des Professor-Titels ausgezeichnet worden.

Der Oberlehrer Professor Dr. Barentin ist Ostern 1870 auf seinen Antrag in den durch 37jährige unserer Stadt an drei ihrer höheren Lehranstalten geleistete treuen Dienste wohlverdienten Ruhestand getreten.

Der ordentliche Lehrer Dr. Bratuschek ist als Oberlehrer an die Luisenschule befördert worden. Er hat der Anstalt nur drei Jahre lang, ein Jahr als Hülfslehrer, 2 Jahre als ordentlicher Lehrer angehört und hat ihr in dieser kurzen Zeit ausgezeichnete Dienste geleistet.

Der ordentliche Lehrer Dr. Kunth ist uns durch den Tod entrissen; er ist eines der vielen Opfer geworden für des Vaterlandes Ehre, Unabhängigkeit und Einheit. — Am 10. Juni 1842 in Bunzlau geboren, auf den Universitäten Breslau und Berlin durch mathematische und naturwissenschaftliche Studien für das Lehramt vorbereitet, hat er von Ostern 1864 bis Ostern 1865 beim Friedrichs-Werderschen Gymnasium hierselbst das pädagogische Probejahr absolvirt. Von Michaelis 1864 bis Michaelis 1865 war er als Hülfslehrer an unserer Anstalt thätig. Von Michaelis 1865 bis Michaelis 1866 genügte er seiner Militairpflicht im zweiten Bataillon der Kaiser-Franz-Grenadier-Regiments, machte als Unteroffizier den Krieg gegen Oesterreich mit und erwarb dabei durch Tapferkeit vor dem Feinde das Militair-Ehrenzeichen. Nach seiner Rückkehr trat er alsbald wieder als Hülfslehrer an unserer Anstalt ein und wurde Ostern 1868 zum ordentlichen Lehrer an derselben ernannt. Im Herbste 1866 war er überdies zum Assistenten am geologischen Museum der hiesigen Königlichen Universität berufen worden; am 19. Juni 1870 habilitirte er sich als Privatdozent bei der hiesigen Universität. Die Resultate seiner wissenschaftlichen Untersuchungen hat er in der Zeitschrift der hiesigen geologischen Gesellschaft niedergelegt, mit deren Redaction er betraut war. Der Ausbruch des Krieges im vorigen Sommer rief ihn von einer eben begonnenen wissenschaftlichen Reise zurück; als Reserveoffizier im 5. Brandenburgischen Infanterie-Regiment No. 48 zog er ins Feld; am 6. August wurde er bei Spichern schwer verwundet und erlag, nachdem er noch mit dem eisernen Kreuze geschmückt war, seiner Wunde nach schmerzhaften Leiden am 21. Januar d. J. Die Eltern nahmen die Leiche ihres einzigen Kindes mit in die Heimat; die Schule ehrte sein Gedächtnis durch eine Feier am 11. Februar, bei welcher Dr. Liebe ein Lebensbild des theuren Geschiedenen gab. Wir haben an ihm einen Mann von edlem Charakter und tiefem Gemüth, einen Gelehrten von reichen Kenntnissen und Gaben und von unermüdlichem Forschungsgeiste, einen Lehrer von voller Hingebung für die Schule, geliebt von Schülern und Amtsgenossen, verloren; sein Andenken wird uns unverloren sein.

Ausser ihm haben der ordentliche Lehrer Dr. Grube und der Hülfslehrer Dr. Hülsen unter den vaterländischen Fahnen mit gegen Frankreich gekämpft, ersterer als Unteroffizier der 4. Infanterie-Munitions-Colonne des Brandenburgischen Artillerie-Regiments No. 3, letzterer als Vicefeldwebel, zuletzt, nach Erwerbung des eisernen Kreuzes, als Offizier des 1. Niederschlesischen Infanterie-Regiments No. 46. Wir dürfen hoffen, sie beim Beginn des Sommer-Semesters ihre Friedens-Arbeit in Gemeinschaft mit uns wieder aufnehmen zu sehen.

Die Hülfslehrer Dr. Güth und Starke, welche, jener seit Michaelis 1868, dieser seit Ostern 1869 der Anstalt erspriessliche Dienste geleistet und sich deren Dank erworben hatten, haben uns

Michaelis 1870 verlassen, jener um eine ordentliche Lehrerstelle am Gymnasium zu Potsdam, dieser um eine Predigerstelle in Zielenzig anzunehmen.

Der Oberlehrer Dr. Büchmann, welcher in den Sommerferien 1870 im Bade Teplitz Heilung von einem Leiden gesucht hatte, welches schon seit längerer Zeit den sonst so arbeitsfreudigen und arbeitstüchtigen Mann hemmte, musste die nach Ablauf der Ferien wieder aufgenommene Ausübung seiner Amtsthätigkeit schon nach 8 Tagen wieder einstellen; er hat in Italien Kräftigung gesucht und, wir dürfen hoffen, volle Genesung gefunden, so dass er Ostern zurückzukehren gedenkt.

Ostern 1870 ist Dr. Rauch als Probekandidat und gleichzeitig als wissenschaftlicher Hülfslehrer in das Kollegium eingetreten.

Im III. Quartal 1870 sind die nothwendigen Vertretungen mit dankenswerthester Bereitwilligkeit von den ordentlichen und ausserordentlichen Lehrern der Anstalt und ausserdem von den Kandidaten Dr. Ritz und Dr. Kessler ausgeführt; die beiden letztgenannten Männer verliessen uns leider Michaelis wieder um ordentliche Lehrerstellen an der Realschule in Bremen resp. an der Gewerbeschule in Gleiwitz zu übernehmen. — Michaelis 1870 trat Dr. Zelle als Probekandidat und als wissenschaftlicher Hülfslehrer ein. Zur Ausführung der zahlreichen nothwendigen Vertretungen wurden die Kandidaten Dr. Jung, Dr. Mayer, Dr. Stroetzel, Blass, Meyer und Hilfer mit Lehrstunden betraut; der am 1. Januar 1871 ausscheidende Dr. Jung, wurde durch den Kandidaten Dr. Nauhaus ersetzt.

Der bisherige ordentliche Lehrer Dr. Ziepel wurde vom 1. April ab zum Oberlehrer befördert. Der bisherige Hülfslehrer Dr. Rauch ist pro 1. April 1871 zum ausserordentlichen Lehrer designirt. Der bisherige ordentliche Lehrer am Gymnasium zu Flensburg, Dr. Anders, ist für denselben Termin als ordentlicher Lehrer an unsere Anstalt berufen.

III. Die Schüler.

Die Anzahl der Schüler im verflossenen Schuljahre war:

	Ostern 1870	Michaelis 1870
In Ober-Prima	8	7
„ Unter-Prima	22	22
„ Ober-Secunda	28	28
„ Unter-Secunda	44	46
„ Ober-Tertia	45	58
„ Unter-Tertia	70	51
„ Ober-Quarta	63	66
„ Unter-Quarta	62	59
„ Quinta	109	104
„ Sexta	86	100
Summa	537	541

Im Jahre 1870 verliessen nach vorschriftsmässig abgelegter Abiturientenprüfung 8 Schüler mit dem Zeugnisse der Reife die Anstalt.

A. Ostern 1870.

1. Otto Koppen aus Berlin, 18 Jahre alt, evangelischer Confession, Sohn eines Kunst- und Handelsgärtners hierselbst, 9½ Jahre auf der Gewerbeschule, 2 Jahre in Prima, erhielt unter Dispensation von der mündlichen Prüfung das Zeugnis der Reife mit dem Prädikate „Gut bestanden". Er beabsichtigt das Baufach zu studiren.

2. Eduard Schiele aus Berlin, 18¼ Jahre alt, evangelischer Confession, Sohn eines Rentiers hierselbst, 8 Jahre auf der Gewerbeschule, 2 Jahre in Prima, erhielt das Zeugnis der Reife mit dem Prädikate „Genügend bestanden". Er beabsichtigt das Baufach zu studiren.

3. Richard Quitzau aus Berlin, 17 Jahre alt, evangelischer Confession, Sohn eines Tischlermeisters hierselbst, 6 Jahre auf der Gewerbeschule, 2 Jahre in Prima, erhielt das Zeugnis der Reife mit dem Prädikate „Genügend bestanden". Er ist Kaufmann geworden.

4. James Moser aus Berlin, jüdischer Religion, Sohn eines Kaufmanns hierselbst, 5 Jahre auf der Gewerbeschule, 2 Jahre in Prima, erhielt unter Dispensation von der mündlichen Prüfung das Zeugnis der Reife mit dem Prädikate „Gut bestanden". Er ist Kaufmann geworden.

B. Im August 1870, auf Grund der Min.-Verf. vom 25. Juli 1870.

5. Rudolf Daelen aus Huerde, 19 Jahre alt, katholischer Confession, Sohn eines Fabrikbesitzers, 2¼ Jahre auf der Gewerbeschule, 1¼ Jahre in Prima, erhielt das Zeugnis der Reife mit dem Prädikate „Genügend bestanden". Er ist zunächst als Freiwilliger in das 15. Husaren-Regiment eingetreten und beabsichtigt demnächst sich technischen Studien zu widmen.

6. Paul Hjarup aus Berlin, 19 Jahre alt, evangelischer Confession, Sohn eines Hof-Tapezierers hierselbst, 8½ Jahre auf der Gewerbeschule, 1½ Jahre in Prima, erhielt das Zeugnis der Reife mit dem Prädikate „Genügend bestanden". Er ist zunächt als Freiwilliger in das Kaiser-Alexander-Garde-Grenadier-Regiment eingetreten und beabsichtigt sich demnächst technischen Studien zu widmen.
C. Michaelis 1870.

7. Hugo Behrens aus Berlin, 18 Jahre alt, katholischer Confession, Sohn eines Polizei-Wachtmeisters hierselbst, 8 Jahre auf der Gewerbeschule, 2 Jahre in Prima, erhielt unter der Dispensation von der mündlichen Prüfung das Zeugnis der Reife mit dem Prädikate „Gut bestanden", Er ist Kaufmann geworden.

8. Adolf Kramer aus Berlin, 18½ Jahre alt, evangelischer Confession, Sohn eines Steindruckereibesitzers hierselbst, 8½ Jahre auf der Gewerbeschule, 2 Jahre in Prima, erhielt unter Dispensation von der mündlichen Prüfung das Zeugnis der Reife mit dem Prädikate „Gut bestanden". Er will sich nach beendigter Vorbildung auf der Kunstakademie der Steindruckerei widmen.

Ferner haben im vorigen Schuljahre (von Ostern 1870 incl. bis Ostern 1871 excl.) folgende Schüler die oberen Klassen der Gewerbeschule verlassen:

Unter-Prima.
1. Habel, Georg, 19½ Jahre alt, wird Kaufmann.
2. Peters, Otto, 19½ " " " desgl.
3. Kohlweck, Joseph, 20 " " " desgl.
4. Engelmann, Max, 17 " " " desgl.
5. Schulze, Hugo, 18½ " " " desgl.
6. Brandt, Theodor, 17½ " " " desgl.
7. Raetzel, Max, 19½ " " " desgl.
8. Haenisch, Karl, 17½ " " " desgl.
9. Hornung, Franz, 18 " " " Maschinenbauer.
10. Ludwig, Max, 18 " " " Kaufmann.
11. Voigt, Otto, 17½ " " " desgl.
12. von Hoerner, Otto, 19 " " " Techniker.
13. Straetz, Paul, 18 " " " Kaufmann.
14. Schulenburg, Gust., 19½ " " " Landwirth.

Ober-Secunda.
1. Barleben, Max, 18½ " " " Kaufmann.
2. Benedict, Wilhelm, 15½ " " " geht zum Gymnasium.
3. Pinner, Heinrich, 17 " " " wird Kaufmann.
4. Dietz, Hermann, 16½ " " " Müller.
5. Sonntag, Robert, 18 " " " Pianoforte-Fabrikant.
6. Bigelow, John, 16½ " " " Chemiker.
7. Krotoschin, Isidor, 16½ " " " Kaufmann.
8. Barheine, Paul, 17 " " " desgl.
9. Steldt, Karl, 17½ " " " desgl.

Unter-Secunda.
1. Stand, Robert, 18½ " " " desgl.
2. Sieradzki, Max, 16 " " " Juwelier.
3. Saling, Theodor, 14 " " " Kaufmann.
4. Schulz, Adolf, 17 " " " desgl.
5. Koerber, Otto, 17 " " " desgl.
6. Meyer, Amandus, 17 " " " unbestimmt, war krank.
7. v. Livonius, Georg, 18 " " " wird Officier.
8. Ollmann, Caesar, 16 " " " Kaufmann.
9. Schmidt-Weissenfels 15 " " " desgl.
10. Dietrich, Robert, 16 " " " desgl.
11. Roennert, Paul, 16½ " " " desgl.
12. Wichmann, Heinr., 18 " " " desgl.
13. Thürling, Karl, 15½ " " " desgl.
14. Grohn, Rudolf, 16½ " " " desgl.
15. Mann, Adolf, 15½ " " " desgl.
16. Schulz, Max, 18 " " " desgl.

Ausserdem sind abgegangen: Aus Ober-Tertia 13, aus Unter-Tertia 14, aus Ober-Quarta 19, aus Unter-Quarta 15, aus Quinta 16, aus Sexta 7 Schüler.

Durch den Tod wurde uns ein lieber, tüchtiger Schüler entrissen: Otto Dannenberg, 19½ Jahre alt, 7 Jahre auf der Gewerbeschule, erkrankte Ostern 1870 am Beginn desjenigen Semesters, in welchem er seine Abiturientenprüfung abzulegen gedachte und starb am 6. August 1870. Lehrer und Mitschüler gaben dem Geschiedenen das Geleite zur letzten Ruhestätte.

VI. Lehr-Apparat.

Der Lehr-Apparat ist durch Verwendung der etatsmässigen Mittel vermehrt worden. Für die Bibliothek ist u. A. angeschafft worden: Dilthey, Leben Schleiermacher's. Haym, die romantische Schule. Lange, römische Alterthümer. Schumann, Griechische Alterthümer. Simrock, Mythologie. Goedeke, Deutsche Dichter des 16. Jahrhunderts. v. Liliencron, Historische Volkslieder der Deutschen. Ranke's Werke, 7—16. Roscoe, Spectralanalyse. Gmelin, Chemie. Bancroft, History of the United States. Lagrange, Oeuvres IV. Staël, Oeuvres. Beaumarchais, Oeuvres. Montaigne, Essais. Verdet, Oeuvres VI.VIII. Luther, Werke u. a. w. Die Fortsetzung von Crelle-Borchardt's Journal für Mathematik; Poggendorf, Annalen; Liebig und Kopp, Jahresbericht; Statistische Zeitschrift; Sybel, Historische Zeitschrift; Literarisches Centralblatt; Centralblatt für das gesammte Unterrichtswesen; Langbein, Pädagogisches Archiv; Clebsch, Mathematische Annalen; Chemisches Centralblatt; Botanische Zeitung; Wagner's Jahresbericht.

Für den geographischen Unterricht wurden insbesondere Sydow, Wandkarte von Australien, Wieland und Kiepert, Karte von Frankreich; Kiepert, Wandkarte von Altitalien, Raaz, Photo-lithographische Karte von Deutschland; Moehl, Orographische Karte von Deutschland angeschafft; für den mathematisch-physikalischen Apparat ein Polarplanimeter, eine Quecksilberluftpumpe nebst 40 Pfd. Quecksilber, ein Apparat zur Wägung der Luft bei bestimmten Temperaturen, von Geissler, eine Quecksilberwanne von Holz mit Glaswänden und 32" langem Eisenrohr, ein Kundt'scher Apparat zur Nachweisung der Schallgeschwindigkeit in verschiedenen Gasen, Quincke'sche Interferenzröhren; für das chemische Laboratorium Utensilien, Präparate, Gefässe etc.; für den naturhistorischen Apparat Dechen's geologische Karte von Deutschland, verschiedene Skeletto und ausgestopfte Thiere.

V. Vermächtnisse und Geschenke.

1. Aus dem Stipendienfonds erhalten gegenwärtig zwei frühere Schüler der Anstalt, welche bei ihr das Zeugnis der Reife erworben und sich demnächst höheren technischen Studien gewidmet haben, Stipendien von je 200 Thlr. jährlich auf 3 Jahre. — Der Fonds selbst beläuft sich gegenwärtig ausser dem Grundvermögen, welches 75 Thlr. Miethe einträgt, auf 10801 Thlr., hat sich also seit dem vorigen Jahre um 280 Thlr. vermehrt, die Zinsen betragen 532 Thlr.

2. Die aus dem Eben'schen Legate begründete Wittwen- und Waisenkasse für die Lehrer der Anstalt hat ein Kapitalvermögen von 11350 Thlr. und einen Zinsertrag von 510 Thlr.

3. Die Eltern unseres verstorbenen Kollegen Kunth haben der Anstalt eine Stiftung zu seinem Gedächtnisse zugewandt, über welche, da die Genehmigung zu derselben noch nicht ergangen ist, erst im nächsten Jahre berichtet werden kann, doch wollten wir nicht unterlassen, jetzt vorläufig unsern Dank auszusprechen.

VI. Schulfeierlichkeiten.

Am 30. September 1870 veranstaltete die Schule eine musikalisch-deklamatorische Abendunterhaltung, deren Ertrag, 92 Thlr., für unser Heer im Felde bestimmt wurde.

Das Reformationsfest wurde am 2. November in üblicher Weise, durch Rede des Professor Dr. Müller und Vertheilung der vom Magistrat übersandten Denkmünze gefeiert.

Am 11. Februar veranstaltete die Schule eine Gedächtnissfeier für den an seiner Wunde gestorbenen Kollegen Dr. Kunth; die Gedächtnissrede hielt Dr. Liebe.

Der Geburtstag Sr. Majestät des Kaisers und Königs wurde am 22. März festlich begangen; die Festrede hielt der Direktor.

D. Benachrichtigungen.

Der Sommer-Cursus beginnt Donnerstag den 20. April, Vormittags 8 Uhr.

Die zur Aufnahme in die Sexta erforderlichen elementaren Kenntnisse und Fertigkeiten sind: Geläufigkeit im Lesen deutscher und lateinischer Druckschrift; eine leserliche und reinliche Handschrift; Fertigkeit, Diktate ohne grobe orthographische Fehler nachzuschreiben; Sicherheit in den vier Grundrechnungsarten in unbenannten ganzen Zahlen; Uebung im Kopfrechnen mit einfach benannten Zahlen. Bei der Aufnahme wird ein Eintrittsgeld von 3 Thlr. gezahlt; das vierteljährliche Schulgeld beträgt 6 Thlr. 22 Sgr. 6 Pf. und ist quartaliter praenumerando zu zahlen. Beim Eintritt ist ein Abgangszeugnis von der früheren Schule beizubringen.

Die Gewerbeschule verfolgt ausschliesslich das Ziel der Vorbildung für den bürgerlichen Beruf; in ihren oberen Klassen ist eine gründliche Vorbildung für die höheren technischen Studien ihre Hauptaufgabe. Sie ist keine Fachschule, sondern eine Bildungsanstalt, welche das geistige Vermögen ihrer Schüler zu derjenigen Entwicklung bringen will, welche die nothwendige Voraussetzung einer freien und selbständigen Erfassung des späteren Lebensberufes bildet. — In der Wahl ihrer Bildungsmittel concentriert sie sich auf diejenigen Sprachen und Wissenschaften, welche im modernen Leben von vorwiegendem Einflusse sind. — In der unteren Lehrstufe treten die Sprachen, in der oberen die mathematisch-naturwissenschaftlichen Disciplinen in den Vordergrund; das Lateinische ist vom Lehrplane ausgeschlossen.

Der Cursus der Gewerbeschule ist achtjährig. — Das durch die Abiturienten-Prüfung an der Gewerbeschule erworbene Zeugnis der Reife berechtigt insbesondere zum Eintritt in die Königliche Gewerbe-Akademie. — Die Zulassung zum einjährigen freiwilligen Militairdienste wird auf ein Zeugnis über einen einjährigen erfolgreichen Besuch der Prima gewährt.

E. Ordnung der öffentlichen Prüfung.

Dienstag den 4. April, Vormittags 8 Uhr.

Chorgesang.

Sexta B.	Rechnen	Zelle.
Sexta A.	Französisch	Althaus.
Quinta B.	Deutsch	Günther.
Quinta A.	Französisch	Uhlbach.
Unter-Quarta B.	Arithmetik	Biermann.
Ober-Quarta A.	Geometrie	Hutt.
Unter-Tertia B.	Französisch	Rauch.
Ober-Tertia B.	Englisch	Paetz.

Vorträge von Gedichten und eigenen Arbeiten durch Schüler der oberen Klassen.

Entlassung der Abiturienten.

Chorgesang.